十八史略で読む

三国志

漢文ライブラリー

渡 邉 義 浩

著

朝倉書店

まえがき

日本人は、中国の歴史を『十八史略』で学んできた。三国時代も例外ではない。

三国時代を記述した陳寿の『三国志』は、正史の中では短い部類に属する。それでも、魏書三十巻・蜀書十五巻・呉書二十巻の全六十五巻、陳寿の著した本文は約三十七万字、裴松之の注もそれに匹敵する約三十六万字にも及ぶ。一年や二年で通読できる代物ではない。しかも、『三国志』は、本紀（皇帝の年代記）と列伝（臣下の伝記）から成る紀伝体という体裁を取っているため、全巻を通読できたとしても、歴史の流れを把握することは難しい。

すべての正史に共通する、こうした悩みを解決するために書かれたものの一つが『十八史略』である。『十八史略』は、実に見事に三国時代の流れを記述し、『三国志』の中でも重要な文章を要約して掲げる。しかも、『十八史略』は、『三国志』の難しい表現をわかりやすく書き換えている。『十八史略』が著された元代から数えても千年以上もむかしに著された『三国志』は、難しい書物なのである。

もちろん、正史を年代順に整理しながら簡潔にまとめていくという作業は、『十八史略』の著者である曾先之が、ひとりで成し得ることではない。紀伝体の正史を編年体（年表形式）にまとめ直すことは、北宋の司馬光が著した『資治通鑑』により行われた。『資治通鑑』は、北

1

宋の総力をあげた編纂事業として二十年の歳月と多くの学者を動員して、司馬光により完成された。『十八史略』は、『資治通鑑』、あるいは『三国志』を簡単に要約した呂祖謙『三国志詳節』などを参照して、著されたものであろう。ただし、『十八史略』に載せる諸葛亮の「出師の表」は、『資治通鑑』の「出師の表」（ほぼ『三国志』と同文）とも、『三国志詳節』の「出師の表」（『十八史略』よりも削った部分が多い）とも異なる。おそらく、『十八史略』は、後世に伝わることのなかった科挙のための多くの受験参考書の流れを継承しながら著されたものなのであろう。

本書は、『十八史略』の中から、三国時代に相当する部分を抜粋し、書き下し文と現代語訳を加えたものである。三国時代は、狭義には、曹魏が後漢を簒奪した二二〇年から、西晉が孫呉を滅ぼして中国を統一する二八〇年までを指す。しかし、本書は、一八四年の黄巾の乱から、という、広義の三国時代を扱っている。したがって、『十八史略』で読む『三国志』と銘打ちながらも、本書の範囲は、『後漢書』や『晉書』の一部にも及んでいる。

また、三国時代の流れが把握しやすいように、本書は書き下し文・現代語訳のほかに、本文に関する解説を附した。さらに、地図や系図、写真などを加えて、三国時代を立体的に理解できるよう工夫している。

本書を通じて、漢文で記された「三国志」の世界に、一人でも多くの人が足を踏み入れてくれることを期待する。

二〇一二年七月二二日

渡　邉　義　浩

目次

『十八史略』とその受容 ………… 6

「三国志」とその時代 ………… 10

第一回　黄巾の乱 ………… 14

第二回　董卓の専横 ………… 20

第三回　四世五公 ………… 26

第四回　呂布の裏切り ………… 30

第五回　劉備と孫策 ………… 34

第六回　曹操の台頭 ………… 38

第七回　官渡の戦い ………… 42

第八回　髀肉の嘆 ………… 48

第九回　三顧の礼 ………… 52

関羽と華佗
荊州市中央医院には、関羽が曹仁から受けた毒矢の傷を名医華佗に治療してもらっている像がある。

趙雲像
長坂の街の真ん中にある趙雲の像。阿斗を胸に抱いている。

第十回　群儒舌戦	56
第一一回　赤壁の戦い	60
第一二回　呉下の阿蒙	64
第一三回　荊州争奪	68
第一四回　漢の滅亡	72
第一五回　季漢の建国	76
第一六回　夷陵の戦い	80
第一七回　遺孤を託す	84
第一八回　七縦七禽	88
第一九回　出師の表	92
第二〇回　後出師の表	96
第二一回　北伐已まず	100
第二二回　秋風五丈原	104
第二三回　治を識るの良材	110
第二四回　曹氏の建て直し	114

周瑜の墓の像
周瑜の故郷である廬江にある。小振りの墳墓と石碑のほかに石像が立つ。

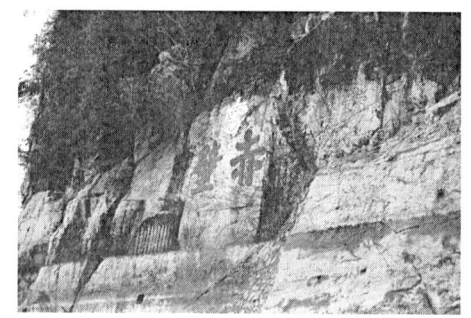

赤壁古戦場

第二二五回	丞相を継ぐ者	118
第二二六回	司馬氏の台頭	122
第二二七回	孫氏の衰退	126
第二二八回	皇帝の挙兵	130
第二二九回	季漢の滅亡	134
第二三〇回	魏晋革命	138
付録	人物紹介	143

五虎上将
綿陽の市街地のそばにある富楽山は、劉璋が劉備と会見した地である。公園として整備され、蜀漢の五虎上将として関羽・張飛・趙雲・馬超・黄忠の像がある。

『十八史略』とその受容

一、『十八史略』の成立

『十八史略』は、宋末元初（一三世紀ごろ）の曾先之の著書である。曾先之は、廬陵（江西省吉安県）の人で、元の進士であったというが、『元史』はもとより『江西通志』や『廬陵県志』にも名が見えない。『四庫全書総目提要』は、礼部の試験に合格していないためだと手厳しい。合格の有無は分からないにしても、後世に名を残すような文人ではない。

『十八史略』は、今で言う受験参考書の類であり、次に掲げる十九種類の史書の要点を抜粋したものである。

(1)『史記』一百三十巻、前漢・司馬遷撰
(2)『漢書』一百巻、後漢・班固撰
(3)『後漢書』九十巻、附『続漢書』志三十巻、劉宋・范曄撰
(4)『三国志』六十五巻、西晉・陳寿撰
(5)『晉書』一百三十巻、唐・太宗御撰
(6)『宋書』一百巻、梁・沈約撰
(7)『南斉書』五十九巻、梁・蕭子顕撰
(8)『梁書』五十六巻、唐・姚思廉奉勅撰
(9)『陳書』三十六巻、唐・姚思廉奉勅撰
(10)『魏書』一百十四巻、北斉・魏収奉勅撰
(11)『北斉書』五十巻、唐・李百薬奉勅撰
(12)『周書』五十巻、唐・令狐徳棻奉勅撰
(13)『隋書』八十五巻、唐・魏徴・長孫無忌等奉勅撰
(14)『南史』八十巻、唐・李延寿撰
(15)『北史』一百巻、唐・李延寿撰
(16)『新唐書』二百二十五巻、宋・欧陽脩・宋祁等奉勅撰
(17)『新五代史』七十四巻、宋・欧陽脩撰
(18)『続資治通鑑長編』五百二十巻、宋・李燾撰
(19)『続宋編年資治通鑑』十五巻、宋・劉時挙撰

このうち、(18)と(19)は、ともに宋の史書であるため一つの史書と考えると、(1)から(17)までの十七の正史(『十八史略』に宋の史書一つを足したものなので、(17)と呼ぶ）のである。

(17)までの正史は、皇帝の年代記である本紀と、臣下の伝記である列伝を中心とする紀伝体で書かれているた

め、前後を参照しなければ、その時代の動きをつかむことができず、また分量も膨大であった。そうした欠点を補うものとして、北宋・司馬光の『資治通鑑』、南宋・朱熹（朱子）の『資治通鑑綱目』といった、年代順に史実を記載した編年体の史書が著されていた。

『十八史略』は、これらをさらに簡潔にしたもので、三皇五帝（中国の伝説的帝王）から南宋の滅亡までの中国史の基本的な事跡を、簡潔に興味深くまとめあげたものである。

二、版本と日本での受容

『十八史略』は、本来二巻本であったが、明初に、臨川の陳殷が音釈を加え、建陽の劉剡が補正した七巻本が通行している。二巻本と七巻本では、内容に異同があるが、最も異なる部分は、三国の正閏である。二巻本では、『三国志』に従い、魏を正統とし、朱熹の『資治通鑑綱目』に従って、漢（蜀は、漢という正式名称で呼ぶ）を正統とし、「三国魏・蜀・呉」としているが、七巻本では劉剡が、「三国漢、附魏呉二僭国」としている。

曾氏は陳寿の旧に仍り、魏を以て帝と称して、漢と呉とを附せり。（劉）剡既に朱子の綱目の義例に遵ひて、少微の通鑑を改正せり。今復た此の書を正し、漢を以て統を接がしむと云ふ。

七巻本の三国の始まりの部分には、右のような劉剡の文章が附され、劉備の建国した漢（季漢、蜀は地域名）が正統な国家であることが明記されている。なお、「少微の通鑑」とは宋の江贄（少微先生）の『通鑑節要』のことである。

『十八史略』は、室町時代にすでに二巻本が伝来していたが、江戸時代に広く読まれることのなかった中国では、ほとんど読まれることのなかった『十八史略』であるが、日本では、『論語』『孝経』『文章規範』『唐詩選』と並ぶ初学入門の必読書の一つとして、江戸時代には、各藩の藩校や塾で、明治時代にも、小学・中学の教科書として、盛んに使用された。

現代でも、高等学校の漢文の教材として、相当量が取り入れられており、『十八史略』を出典とする「背水の陣」、「泣いて馬謖を斬る」など多くの故事や格言が、日本語の中に生きている。

著者の曾先之も、自分の著作が、自国ではなく、海を

隔てた日本で、これほど愛されるとは思ってもみなかったことであろう。

十八史略
明治時代に日本で流通した『十八史略』。七巻本が通行していた。

劉剡の附した文章

「三国志」とその時代

一、「三国志」の概略

本書は、『十八史略』のうち、「三国志」に該当する部分を読んでいく。三国時代は、曹丕が即位した黄初元（二二〇）年からであるが、「三国志」の時代は、後漢末の黄巾の乱から始まる。

約四〇〇年続いた漢の支配が外戚と宦官の専横により揺らぎ、知識人たちが党錮の禁により、朝廷から締め出されたころ、符水（お札と聖水）による治病により教線を拡大していたものが、張角の率いる太平道であった。

やがて、張角は、「黄天」の実現を目指して、後漢に対して立ちあがる。光和七（一八四）年、黄巾の乱の勃発である。乱そのものは、張角の病死により、やがて鎮圧されたが、これを機に各地に群雄が割拠した。それらの中で洛陽の朝廷を制圧した者が董卓である。董卓は、宦官が殺戮された後の朝権を握り、皇帝を廃立した。（第一・二回）

これに対して、群雄は袁紹を盟主に董卓討滅の軍を起こす。呉の始祖である孫堅は、董卓を破って洛陽に一番乗りを果たし、董卓が焼き払った陵墓を修め、漢への忠義を尽くした。董卓は、献帝を擁して長安に遷都した董卓は、やがて部下の呂布に殺され、長安周辺は混乱に陥る。（第三・四回）

その間、董卓が放棄した関東では、群雄の角逐が見られた。やがて、後漢随一の名門出身の袁紹が、河北の四州を支配して覇権を握ったかに見えた。しかし、黄河以南では、曹操が次第に勢力を拡大して、長安から逃れた献帝を擁立、天子を差し挟んで天下に命令する地位を得た。曹操は、建安五（二〇〇）年、天下分け目の官渡の戦いで袁紹を破り、建安十二（二〇七）年までに河北四州を支配下に収めた。（第六・七回）

その間、漢の復興を旗印に、席売りから成り上がった劉備は、長江中流域の荊州に髀肉の嘆をかこっていたが、三顧の礼により諸葛亮を招き、「草廬対（いわゆる天下三分の計）」を自己の行動方針に定めた。（第五・八・九回）

建安十三（二〇八）年、曹操が南下すると、荊州牧の劉表は病死した。劉備は諸葛亮を孫権のもとに派遣、

魯粛との協力により同盟を組むことに成功する。孫権の部将周瑜は、曹操軍を赤壁の戦いで大破し、曹操の天下統一の野望を打ち砕いた。(第十・十一回)

劉備は、赤壁の戦いを機に、荊州南部を支配した。さらに、益州牧の劉璋が劉備に援助を請うと、劉璋を攻めてこれを降し、益州の成都を本拠地とした。一方、曹操は、赤壁の敗戦後、関中へと勢力を伸ばして華北全土を手中に収め、益州の喉元にあたる漢中を攻略する。劉備は、漢中を攻めて曹操を撃破し、すでに魏王を名乗っていた曹操に対して、漢中王を名乗ることになった。(第十二回)

そのころ、呉では、劉備を第三極として育成するという独自の天下三分の計を持っていた魯粛が病死したため、荊州の帰属問題が表面化していた。赤壁の戦いで周瑜が曹操を破ったにもかかわらず、劉備が荊州南部を領有できたのは、魯粛が呉の与論を抑えていたからなのである。建安二十三(二一九)年、孫権は曹操と結び、部将の呂蒙を遣わして荊州の守将である関羽を挟撃し、荊州を奪取した。ここに三国の境域は、ほぼ画定した。(第十三回)

翌年、曹操が病死すると、子の曹丕は後漢の献帝から禅譲を受けて魏を建国、黄初元(二二〇)年と元号を立てた。劉備は、曹丕の簒奪を認めず、翌年、漢を建国し章武元(二二一)年と元号を立てた。劉備の国家の正式名称は漢であるが、すでに前漢・後漢という名称が成立していたため、季漢(季は末っ子の意)とも称する。(第十四・十五回)

漢を建国した劉備は、国是である魏の打倒よりも、長年自分を支えてきた関羽をだまし討ちにした呉への征伐を優先した。孫権は、曹丕に臣従して魏と結ぶ一方、陸遜を派遣して、夷陵の戦いで劉備を破った。劉備は、白帝城に退き、永安宮と改名して、成都より諸葛亮を呼び寄せ、遺孤劉禅を託して崩御する。(第十六・十七回)

諸葛亮は、呉と同盟を結び直すと、南征を行い孟獲を従え、後顧の憂いを断った後、劉禅に「出師表」を奉り、北伐に赴く。涼州を狙う奇策が功を奏すかに見えたが、馬謖の命令違反により街亭に敗れ、泣いて馬謖を斬って敗戦を詫びた。以後も北伐を繰り返したが、魏を滅ぼすことはできず、諸葛亮は五丈原に陣没する。(第十八

～二十三回）

諸葛亮の失脚を防いだ司馬懿は、魏の中で勢力を拡大し、その失脚を図った曹爽を正始の政変で誅殺すると、独裁権を掌握した。子の司馬昭は、景元四（二六三）年、蜀漢を滅ぼし、晋王に封建された。その子司馬炎は、咸熙二（二六五）年、魏の禅譲を受けて西晋を建国する。司馬炎は、さらに咸寧四（二八〇）年に孫呉を滅ぼすと天下を統一、三国時代はここに終焉を迎えるのである。（第二十四～三十回）

二、陳寿の『三国志』

本書で扱う「三国志」の時代は、正史で言えば、『後漢書』・『三国志』・『晋書』の範囲であるが、もちろん、中心は、西晋の陳寿が著した『三国志』である。
『三国志』は、「魏書」三十巻、「蜀書」十五巻、「呉書」二十巻の三部構成からなる史書である。この構成方法にすでに陳寿の工夫がある。西晋は、魏の正統を継承した国家であるため、魏だけに本紀（皇帝の伝記）を設け、三国の中で魏が正統であることを示した。それならば、『魏書』として書き、蜀と呉の部分は、載記として魏の

歴史の末尾に附してもよい。
陳寿は、蜀漢の遺臣なのである。このため、同じく臣下の列伝に描きながらも、孫権の死去は「薨」と諸侯の死として扱いながら、劉備の死去は「殂」と表現する。もちろん、曹操や曹丕の死去は「崩」と表現するが、劉備の「殂」には、思いが込められている。「殂」とは、『尚書』によれば、帝堯（五帝の一人、五行相生説で火徳に位置づけられていた）の死去を表現する言葉である。劉備の死を堯の死去に用いる殂で表現することは、劉備が堯の子孫、すなわち漢の正統な後継者であることを行間に忍ばすことになるのである。
加えて、蜀書の最終巻である楊戯伝に「季漢輔臣賛」という書物を引用することにより、蜀の正式名称が「漢」あるいは「季漢」（季は末っ子という意味）であることも後世に伝えた。朱子が確立する蜀漢の正統は、実は『三国志』に内包されていたのである。

三、『後漢書』・『晋書』

『後漢書』は、劉宋の范曄が、元嘉九～十六（四三二

〜四三九）年の間に著した史書であるが、范曄の獄死により、予定していた「十志」を欠く。梁の劉昭はこれを惜しみ、先行する諸家の『後漢書』の中から、司馬彪の『続漢書』が備えていた「八志」を補った。現在通行する『後漢書』は、范曄本来の『後漢書』に唐の李賢が注をつけた「本紀」と「列伝」に、司馬彪が著し劉昭が注をつけた「志」を合刻したものとなっている。
『晋書』は、唐の太宗李世民の御撰であり、房玄齢ら三十余名が、「十八家晋書」と呼ばれる先行する晋代の史書を参考に、三年足らずで書きあげた史書と評されるのため、内容的に統一がとれない疎略な史書であるが、晋に関する唯一の体系的な史料となっている。

四、『三国志演義』

『三国志演義』は、十四世紀に羅貫中がまとめた歴史小説である。羅貫中は、それまで語られてきた三国に関わる説話の中から非現実的な部分を削り、儒教の歴史観に基づきながら、なるべく真実の歴史に近づけようと努力した。そのため『三国志演義』は、「七分の事実に三分の虚構」といわれる歴史的事実に近い小説となった。

しかし、小説である以上、そこにはフィクションが含まれる。『三国志演義』に含まれる「三分の虚構」は、ほとんどが蜀漢の活躍に費やされている。羅貫中は、蜀漢を正統に三国を描いたのである。むろん、史実を重んじた羅貫中は、蜀漢が曹魏を滅ぼす、などという安っぽい嘘はつかない。正義であるはずの蜀漢が、劉備の徳、関羽・張飛・趙雲の忠や諸葛亮の義にもかかわらず滅びていく。その滅びの美学を日本人は愛したのである。『十八史略』の中でも、とくに三国時代が好んで読まれた理由である。

第一回 黄巾の乱

鉅鹿ノ張角、妖術ヲ以テ教授シ、太平道ト号ス。符水モテ病ヲ療ス。弟子ヲ遣ハシテ四方ニ遊バシメ転相誑誘ス。十余年間徒衆数十万、三十六方ヲ置ク。大方ハ万余、小方ハ六七千、各立ツ渠帥ヲ一。一時ニ倶ニ起ル。皆黄巾ヲ著ケ、所在燔劫ス。旬月之間、天下響応ス。皇甫嵩等ヲ遣ハシテ黄巾ヲ討タシム。

嵩、沛国ノ曹操ト合シテ軍ヲ合セ、賊ヲ破ル。操ノ父嵩、宦者曹騰ノ養子為リ。或イハ云フ、夏侯氏ノ子也ト。操少クシテ機警、権数有リ。任侠放蕩、不レ治メ行業ヲ。汝南ノ許劭、従兄靖ト有リ高名。共ニ郷党ノ人物ヲ覈論スルヲ毎月

太平道 張角の創造した宗教教団。黄巾の乱を起こした。

張角 鉅鹿郡出身。太平道をおこし、黄巾の乱を始めた。

妖術 中黄太一の道を説いた。

符水 お札と聖水。

三十六方 方は集団の単位。

渠帥 太平道で「方」ごとに置かれた指導者。

燔劫 燔は焼くこと。焼き討ち。劫は略奪すること。

皇甫嵩 安定郡出身。左中郎将として黄巾を破り、張角の弟張梁を斬り、乱の平定に大きな功績をあげた。

行蕩 品行や家業。

放蕩 小事にこだわらぬ豪傑肌なこと。

権数 権謀術数に巧みなこと。

機警 機を見るにさといこと。

許劭 汝南郡出身。後漢末の人物批評家を代表する。

覈論 忌憚なく人物評論すること。

【書き下し】

鉅鹿の張角、妖術を以て教授し、太平道と号す。符水もて病を療す。弟子を遣はして、四方に遊ばしめ、転た相誑誘す。十余年の間に徒衆数十万あり、三十六方を置く。大方は万余、小方は六七千あり、各々渠帥を立つ。一時に俱に起る。皆黄巾を著け、所在に燔劫す、旬月の間、天下響応す。皇甫嵩らを遣はして黄巾を討たしむ。嵩、沛国の曹操と、軍を合はせて賊を破る。操の父嵩、宦者の曹騰の養子為り。或いは云ふ、夏侯氏の子なりと。操少くして機警、権数有り。任侠放蕩にして、行業を治めず。故に汝南の俗に月旦の評有り。操往きて劭に問ひて曰く、「我は何なる人ぞ」と。劭答へず。之を劫す。乃ち曰く、「子は治世の能臣、乱世の姦雄なり」と。操喜びて去る。是に至りて賊を討つを以て起る。

【現代語訳】

鉅鹿郡の張角は、妖術により教え授け、（その教えを）太平道と称した。（太平道は）お札と神水により病気を癒した。弟子を四方に派遣して、つぎからつぎへと民を惑わし仲間に引き入れた。十余年間に、（信徒は）数十万に達した。大方には一万余人、小方には六七千人の部下を配当し、（それを統べるため）それぞれ渠帥（指導者）を置いた。（光和七年）同時に兵を起こした。皆黄色の頭巾をつけ、至る所で焼打ちや掠奪を行った。まる一箇月の間に、天下の州県が、これに応じた。（朝廷は）皇甫嵩たちを派遣して黄巾を討伐させた。皇甫嵩は沛国の曹操と、軍を合わせて（黄巾の）賊を破った。曹操の父の嵩は、宦官の曹騰の養子である。一説には、夏侯氏の子とも言われている。曹操は幼少の時からすばしこく、駆け引きに長じていた。（それに加えて）男気があり遊び歩いて

行いを修めなかった。汝南郡出身の許劭は、従兄の許靖とともに高い名声があった。二人共に郷里の人物について評論を加えた。毎月一日にそのテーマを変更した。そのため汝南に特徴的な習慣として「月旦評（人物評価）」があるとされた。曹操は出かけて許劭に、「自分はどんな人物か」と尋ねた。劭は答えなかった。曹操はこれをおどした。すると「君は治世には有能な臣下であるが、乱世には悪智恵に長けた英雄となる」と答えた。曹操は喜んで去った。こうしてこのたび黄巾の賊を討つために兵を起こした。

五行配当図

五行相生説

五行思想は、世界を構成する諸要素を五つのエレメントに分けて考えるもので、五行相生説は、水から木が生まれ、木から火が生まれるように、前の要素から後の要素が生まれると考えるものであった。

解説・鑑賞

● 黄巾の口号（スローガン）

張角は、後漢の混乱と自然災害の頻発を見るにつれ、漢の天下は終わり、自分たちの天下が始まることを説いた。たまたま光和七（一八四）年が、「甲子」にあたることもあり、「蒼天已死、黄天当立。歳在甲子、天下大吉（蒼天すでに死す、黄天当に立つべし。歳は甲子に在り、天下 大吉なり）」という十六文字のスローガンを掲げ、新しい世界の樹立を目指して蜂起した。

甲子は、すべての年の始まりであり、革命が起こるとされていた。この時代は、中平・建安といった元号と共に、十干十二支の組み合わせで、年や日数を表記した。日本でも、甲乙丙丁という数え方で残っているものが十干、子年・丑年として残るものが十二支である。十干十二支の組み合わせは六十通りであり、暦が一回りする数え年の六十を還暦という。この組み合わせの最初が「甲子」であるため、すべてが革まる革命の年で、天下は大吉である、と後半は説く。前半は、「蒼」の解釈が難しい。

● 太平道の治病

黄巾の乱を起こす宗教教団を始めた張角自身については、わずかな記録しかない。鉅鹿郡の出身で、その教法が治病を中心としたことを伝えるのみである。最も詳しい『後漢紀』霊帝紀は、張角と弟の張良・張宝（『三国志』『後漢書』は張梁・張宝とする）は、みずから大医と称し、善道につかえ、病気の者があるたびに跪拝首過させた。と記し、その治病方法が「跪拝首過」であったとする。「跪拝」とは、ひざまずき拝礼すること、「首過」とは、罪過を告白させることである。同じく後漢末、漢中を中心に起こった宗教教団で、のち曹操に降服した張魯の五斗米道では、「祭酒」と呼ばれる指導者が、病人を「静室」に入れて、病人の名と罪過を書いた紙片を天官・地官・水官（天・地・水の神々）に捧げ、『道徳経（老子）』を唱えさせて治病したという。太平道もまた、本文に記されるお札と御水を使った治病のほかに、こうした精神療法を行ったのであろう。

るものは、陰陽五行説である。万物は陰(地・月・女など)と陽(天・日・男など)との交わりによって生まれ、木・火・土・金・水という五つの要素(五行)から成り立つ。しかも、万物を構成する五行は、互いに移り変わる。木を燃やすと火になるように、木(蒼)→火(赤)→土(黄)→金(白)→水(黒)→木……と、五行は互いに生まれていく。これを五行相生説と呼ぶ。

万物の中には、国家も含まれる。後漢は、赤をシンボルカラーとする火徳の国家とされていた。五行相生説によれば、火徳に代わるものは土徳で黄色の国家となる。後漢の滅亡後に建国された三国のうち、曹魏が黄初、孫呉が黄武・黄龍という元号を使っているのは、このためである。したがって、太平道の「黄天 当に立つべし」というスローガンは、五行相生説にも適合する。

しかし、「蒼天 已に死す」の「蒼」は、五行では木徳となり、五行相生説では火徳の漢の終焉を示すことにはならない。

儒教が国家を正統化する支配理念として唯一尊重される「儒教国家」が成立するのは、後漢の章帝期以降のことである。後漢「儒教国家」に対する異議申し立てが

なされるとき、「儒教国家」の成立以前の前漢武帝期において、漢の支配理念であった黄老思想にその拠り所を求めることは、自然な発想である。黄老とは、黄帝(中国の伝説上、最初の皇帝)と老子の教えとして、皇帝の専制支配を老子の思想と結合したものである。さらに、五行相生説で、火徳の漢を継ぐべき土徳のシンボルカラーが「黄」であることは、黄老思想の復権に拍車をかけた。

スローガンの「黄天 当に立つべし」の黄天は、太平道の天である中黄太乙であり、それが立つべきことが主張されている。すると、対句である「蒼天 已に死す」の蒼天を、必ずしも現実に存在する漢帝国に限定する必要はない。黄天が太平道の天である中黄太乙であるならば、蒼天は儒教の天、すなわちそれは後漢「儒教国家」の天でもある昊天上帝を指す、と考えることが、対句としては正しい。儒教経典の『詩経』では、昊天上帝は「蒼天」とされている。となれば、「蒼天 已に死す、黄天 当に立つべし」とは、「儒教国家」の天である昊天上帝はすでに死んでおり、太平道の天である中黄太乙が代わって立つことを宣言したものと理解できよう。

地図

第二回　董卓の専横

皇甫嵩討₂張角₁。角死ス。嵩与₃其弟₁
戦ヒテ、破リテ斬₂レ之ヲ。
上崩ズ。在位二十二年、改元スル者四、曰フ
建寧・熹平・光和・中平₁。子弁立ツ。何
太后臨レ朝ニ。后兄大将軍何進、録₂尚
書事ヲ₁。袁紹勧₃進ムニ誅₂宦官、太后未レ
肯ンゼ。紹等画策シ、召₂四方猛将ヲ₁、引キテ兵
向レ京ニ、以脅カサントス₂太后ヲ₁。遂召₂将軍董卓
之兵ヲ₁。卓未レ至ラ、進為₃宦官所レ殺ス。紹
勒シテ兵ヲ捕ヘ₂諸宦官ヲ₁、無₂少長ト皆殺ス₁之ヲ。
凡ソ二千余人ナリ。有₂無レ鬚而誤リテ死スル者₁。卓
至リテ問₂乱ノ由ヲ₁。弁年一四、語不レ可レ了ス。

劉弁　少帝。後漢の第十三代皇帝（在位、一八九年）。弘農王ともいう。霊帝の子、母は何皇后。

何太后　南陽郡宛県の人、家はもともと屠殺業者で、性格は凶悪。霊帝の貴人。少帝の母。

大将軍　武官の最高位。後漢では政権担当者が就任した。

何進　南陽郡宛県の人、字は遂高。何皇后の兄。宦官の誅滅を謀り、先手をうった宦官に宮中で暗殺される。

宦官　宮中に仕える去勢された男子。幼帝が続いた後漢で実権を掌握していた。

録尚書事　国政の中心である尚書の職務を総覧する。皇帝が幼少の時、置かれることが多い。

董卓　隴西郡臨洮県の人、字は仲穎。羌族の反乱討伐を通して頭角をあらわす。当時、前将軍に任ぜられて右扶風に駐屯し、韓遂らの反乱軍の侵攻に備えていた。

陳留王答へて遺す無し。卓廃立せんと欲すも、紹可かず。卓怒り、紹出奔す。卓遂に弁を廃し、陳留王を立つ。是れ孝献皇帝為り。

孝献皇帝 後漢最後の皇帝(在位、一八九〜二二〇年)。名は協。のちに魏の文帝に譲位し、山陽公に封ぜられる。

【書き下し】

　皇甫嵩　張角を討つ。角死す。嵩其の弟と戦ひ、破りて之を斬る。

　上崩ず。在位二十二年、改元する者四、建寧・熹平・光和・中平と曰ふ。子の弁立つ。何太后朝に臨む。后の兄大将軍の何進、尚書の事を録す。袁紹進に宦官を誅すを勧むも、太后未だ肯んぜず。紹ら画策し、四方の猛将を召し、兵を引ゐて京に向かひて、以て太后を脅かさんとす。卓未だ至らざるに、進宦官の殺す所と為る。紹兵を勒して諸々の宦官を捕へ、少長と無く皆之を殺す。凡そ二千余人なり。鬚無くして誤りて死する者有り。卓至りて乱の由を問ふ。紹廃立を欲す。卓廃立せんと欲すも、紹可かず、卓怒り、紹出奔す。卓遂に弁を廃し、陳留王を立つ。是れ孝献皇帝為り。

【現代語訳】

　皇甫嵩は張角を討った。張角は病死した。皇甫嵩はその弟の張梁と戦い、破ってこれを斬った。

　霊帝が崩御した。在位二十二年間で、元号を改めること四回、建寧・熹平・光和・中平という。子の弁が即位した。(幼年のため)何太后が朝廷に臨んで政治に当たった。太后の兄大将軍の何進は、尚書の政務を総攬した。(司隷校尉の)袁紹は何進に宦官を誅殺するよう勧めたが、何太后が承知しなかった。そこで紹たちは計略をめぐらし、辺境の猛将を召集し、兵を率いて都(の洛陽)に向かわせ、それで太后を脅かそうとした。董卓の兵がまだ到着しないうちに、何進は宦官に殺された。袁紹は兵を指揮して多くの宦官を捕らえ、若い者も年寄りもお構いなく皆殺しにした。(そ
の数は)ざっと二千余人に上った。鬚のないため(宦官に)見誤られて殺された者もあった。董卓は到着すると乱の原因を尋

ねた。（天子の）弁は年十四であったが、はっきり説明できなかった。（そこで）董卓は弁を廃して（皇帝に）陳留王を立てようと思ったが、袁紹が承知しなかった。董卓が怒ると、袁紹は出奔した。（すると弟の）陳留王が答えて足りない所がなかった。董卓はこうして弁を廃して陳留王を立てた。これが孝献皇帝である。

前漢系図

後漢系図

解説・鑑賞

● 董卓の知識人優遇

『三国志演義』の印象のせいか、董卓は後漢を破壊した暴君に思われている。『十八史略』でも、そうした部分だけを要約するが、董卓は、名士と呼ばれる三国時代の知識人を抜擢する政策を取っていた。曹操・劉備・孫権も共に行っている政権安定に必須の策である。

たとえば、曹操の謀臣荀彧の叔父である荀爽などは、九十五日間に、司空という三公の一つにまで昇りつめた。董卓が名士の歓心を買おうと、高い官職には就けなかった逆に董卓の親愛するものは、躍起になっていたことが分かる。袁紹に代表される多くの名士は、董卓に協力しなかったが、盧植・鄭玄とともに後漢末を代表する学者の蔡邕は、董卓のブレーンとなり、自らの抱負を実現しようとした。

● 蔡邕の有職故実

蔡邕の学問は多岐にわたる。博学で文章に優れ、数学や天文に詳しく、音楽に精通する琴の名手であった。また、東観と呼ばれる歴史編纂所で『後漢書』の根本史料となった『東観漢記』の編纂に携わり、儒教の経典の文字を確定して石に刻んだ熹平石経を太学に立てる中心ともなった。

董卓に召し出される前、蔡邕は宦官と結んだ陽求のために、流刑に追い込まれていた。流刑先で蔡邕は、『東観漢記』の編纂の続きとして、「十意」を著している。これが、現在の『続漢書』八志の原史料である。志（蔡邕が意としたのは、桓帝劉志の諱を避けるため）とは、制度史のことで、「八志」は、後漢の礼儀・祭祀・暦・官職・地理などの後漢の国制を伝える。後漢が衰退する中、蔡邕は漢の後漢の国制を後世に伝えようとした。

蔡邕の「十意」の原史料となったとされる『独断』が今日まで伝わっている。そこには、文書行政の基本から皇帝の衣服まで、漢という国家の仕組みが詳細にまとめられている。

漢代において行政文書は、それぞれの役所の書府に収められていた。そのなかから今後の政治の規範として先例とすべき故事が選ばれ、尚書に保管されたのである。

後漢は儒教の理念により国家を運営しようとしていたが、実際の国政の運用において、儒教経典との齟齬が生じることもあった。その場合には、「漢家の故事」と呼ばれた漢の政治の先例により経典の解釈を現実に合わせて適用していた。蔡邕の『独断』は、「漢家の故事」をまとめた規範集である。これに基づいて政治を行えば、崩れてしまった後漢の政治をもう一度、建て直すことができる。蔡邕は、自分を抜擢してくれた董卓のもと、自らがまとめた漢のシステムを復興し、後漢末の混乱を収拾して、漢を再建することを目指したのである。

● 操れなかった恐怖心

蔡邕が董卓を操縦して、自分の抱負を実現しようとしたことに対し、蔡邕以外の名士は、次々と董卓を裏切った。とりわけ、袁紹が董卓と絶縁して洛陽を去ってからは、名士は次々と袁紹に呼応し、反董卓連合を組織する。董卓は、名士層を自分の政治的基盤として、政権を安定させることに失敗したのである。となれば、董卓政権の基盤は、その軍事力に求めるしかない。しかし、名士層

の支持なく中国を統一できるまでの力はなかったのである。董卓が洛陽に入城した当初、歩兵・騎兵の数は三千に過ぎず、軍勢を多くみせるため、夜になると兵を城外に出し、明くる日に軍旗や陣太鼓をつらねて入城させ、『西方の軍隊、またも洛陽城中に到着しました』と宣伝させた。こうした自信のなさが、春祭に集まった民衆を襲い、その首を取って賊を破ったと言いふらすような、不当な軍功の誇示へと、董卓を駆り立てたのである。

したがって、袁紹を盟主とした反董卓連合が結成されると、董卓は、恐怖にとらわれ、守備に適した長安に遷都する。その際、洛陽の宮殿に火をつけ、漢の陵墓をすべて暴いたため、猛烈な反発を受けた。それを暴力で押さえ込む、また厳しい批判を受ける、という繰り返しのなかで、董卓自身、およびその軍勢は完全に制御を失った。

董卓の抱える恐怖心は、郿に建設した塢（う）に象徴される。董卓は、ここに不当に集めた三十年分の穀物を蓄えていた。「成功すれば天下を支配し、成功しなければここを守って一生を終えるのだ」との豪語には、クーデターに怯える独裁者の虚勢と恐怖を、同時に見取ることができるのである。

洛陽漢魏古城

後漢から曹魏にかけての洛陽の城壁跡。まわりは一面の麦畑になっている。

麦畑の右側を通るあぜみちが漢魏時代の洛陽城の内城の城壁跡。板築と呼ばれる技法で踏み固められている。董卓が焼き払ったのはこの内側の部分である。

第三回　四世五公

〔孝献皇帝〕名協、九歳ニシテ為ニ董卓ノ所ニ立ツル。関東ノ州郡、起レ兵ヲ討レ卓ヲ、推二袁紹ヲ一為二盟主ト一。卓焼二洛陽宮廟ヲ一、遷二都長安ニ一。長沙太守富春ノ孫堅、起レ兵ヲ討レ卓ヲ。至二南陽ニ一衆数万、与二袁術一合レ兵ヲ。術与レ紹同祖、皆故ノ太尉袁安之玄孫也。袁氏四世五公、富貴ナルコト異二於佗ノ族ニ一。紹壮健ニシテ有二威容一愛レ士ヲ。佗公族ニ紹壮健ニシテ有二威容一愛レ士ヲ。輻湊ス。術亦侠気アリテ至レ是ニ皆起コル。堅撃チテ敗ル卓兵ヲ一。術遣三堅ヲシテ図二荊州ヲ一為二劉表ノ将ニ黄祖ノ歩兵ノ所レ射ル死ス。

関東　函谷関より東の地方。

洛陽　河南省洛陽市。後漢の首都が置かれていた。

孫堅　揚州呉郡富春県の出身。後漢の長江の賊を破り名をあげた。

袁術　袁紹の嫡弟。荊州の南陽郡を拠点としていた。

太尉　三公（総理大臣）の筆頭。

袁氏四世五公　袁安、その子敞と京、京の子湯、湯の子逢は、いずれも司空という三公の一人であった。

輻湊　「輻」は車の矢。「湊」はあつまる。車の矢が中心に集まるように天下の士が集まってくること。

劉表　後漢の宗室（皇帝の一族）。荊州牧として袁術と対立していた。

【書き下し】

〔孝献皇帝〕名は協。九歳にして董卓の立つる所と為る。関東の州郡、兵を起こして卓を討ち、袁紹を推して盟主と為す。卓 洛陽の宮廟を焼き、都を長安に遷す。術は紹と同祖にして、皆 故の太尉たる袁安の玄孫なり。袁氏は四世五公、富貴なること佗の公族に異なる。袁術と兵を合はす。紹 壮健にして威容有り、士を愛す。士 輻湊す。術も亦た侠気あり。是に至りて皆 起こる。堅 撃ちて卓の兵を敗る。術 堅をして荊州を図らしむ。劉表の将たる黄祖の射る所と為りて死す。

【現代語訳】

孝献皇帝は名を協といい、九歳で董卓に立てられ(帝位についた。やがて董卓の専横を憎んだ)函谷関から東の州郡(の長官)が、兵を起こして卓を討ち、袁紹を推して盟主とした。董卓は(恐れをなし)洛陽の宮殿や宗廟を焼き払い、都を(自分の根拠地に近い)長安に遷した。長沙の太守で富春県出身の孫堅が、兵を起こして董卓を討伐した。南陽郡まで到着した。その兵は数万、(兵糧を得るために)袁術と軍を合流した。袁術は袁紹と同じ祖先であり、ともにもとの太尉である袁安の玄孫にあたる。袁氏は四代のうち五人が三公の位にのぼり、その富貴なことは他の三公を輩出している家柄と違いがあった。袁紹は身体が強健で容貌に威厳があり、(知識人である)士を優遇した。(そのため天下の)士は(袁紹のもとに)集まった。袁術もまた男気のある人物であった。この状況になりみな兵を起こした。孫堅が攻撃して董卓の軍を破った。(董卓は長安に逃げこみ、袁紹と袁術を軸に群雄が関東の分割を始めると)袁術は孫堅に荊州(の劉表を打ち破ること)を計画させた。(しかし)劉表の将である黄祖の歩兵に射られて孫堅は死んだ。

袁氏系図

解説・鑑賞

●「四世三公」

袁紹は、四代にわたって後漢の最高官である三公を輩出し「四世三公」と称された「汝南の袁氏」(袁氏は汝南郡の出身。名門は郡の名を付けて呼ばれる)の出身であり、袁氏の恩顧をうけた関係者は、全国に広がっていた。したがって、反董卓連合軍が結成された際にも、袁紹は当然のように盟主に選ばれた。そうした名門出身でありながら、袁紹はよく士にへりくだり、人の意見を聞き入れたので、彼に従う「名士」は多く、冀州・幽州・并州・青州の四州を支配する最強の群雄となった。順当にいけば、漢に代わる新しい国家を創始したであろう袁紹であったが、官渡の戦いで曹操に敗れたため、その欠点が今日にさらされることになった。

●「寛」治

袁紹の支配は、後漢を継承したものであった。後漢随一の高級官僚家としては、当然なのかもしれない。後漢の支配は「寛」治と呼ばれ、配下の罪をも罰しないような緩やかな支配であった。袁紹の人にへりくだり、「名士」の献策をよく聞く態度は、後漢の延長線上にある。しかし、戦乱の世において、人の意見をすべて受け入れることは、優柔不断のそしりを受けよう。

戦略に誤りはなかった。袁紹は、黄河より南にある汝南郡を故郷とするが、あえて河北(黄河の北)を拠点とした。これは後漢を建国した光武帝劉秀の戦略を踏襲したものである。「幽州突騎」と呼ばれる烏桓族の騎兵を備える幽州、「冀州強弩」と呼ばれる歩兵を主力とする冀州のほか、并州にも多くの異民族が居住する河北は、強力な兵馬を整えられる軍事拠点であった。また、黄巾の乱の被害も少なく、十分な兵糧を供給できる経済力も持っていた。最も異民族が多い涼州を背後に持つ軍事拠点の長安が、すでに董卓に占領されている以上、冀州を足掛かりに河北を基盤とし、天下を統一するという袁紹の戦略は、まさしく王道であった。

しかし、官渡の決戦では、劉備を討ちにもどった曹操の隙を、袁紹はつくことができなかった。乱世を生き抜

いていくには、名門に過ぎたのかもしれない。「名士」を幕下に持たなければ支配は安定しない。しかし、「名士」の意見に一方的に従い、自己の決断を下さなかった袁紹は、君主権力を確立できなかった。袁紹の敗退は、「名士」らの主張のみに従った場合には、君主権力が確立せず、軍事的に敗退することを示すのである。

● 袁術

袁術は皇帝を僭称する際に、「四世公輔」(四代にわたって三公を出し漢を輔けてきた)という出自を正統性として掲げている。袁紹は、庶兄(めかけの生んだ兄)であり、嫡子(正妻の子)である袁術こそ「汝南の袁氏」の正統後継者なのである。嫡子の袁術は、司空となった父袁逢の後を嗣いだが、袁紹は家から出され、袁逢の弟で早くに亡くなり左中郎将に止まった袁成の家が嗣がされた。袁術が袁紹を見下し、二人が対立する理由である。

したがって、袁術は集団を拡大する際にも、名門主義を取った。同じ三公の子弟で幼いころから交際のあった陳珪を腹心に据えようと試み、司徒張歆の子である張範・張承兄弟を召し出している。さらに、「汝南の袁氏」

と並称される「四世三公」の家柄である「弘農の楊氏」の楊彪と婚姻関係を結んでいた。つまり、袁術は「四世公輔」の出自であることを価値の中心に置き、価値観を共有できるであろう後漢の高級官僚家を糾合して、自らの勢力基盤にすることを目指したのである。

しかし、加入を強要された名士も多くは袁術に臣従しなかった。それは、袁術にとって自らの価値の源泉である後漢を簒奪することは、自己矛盾となるためであろう。

最も激しく拒絶した者は、孫堅の子の孫策であった。江東の弱小豪族の出身に過ぎず、袁術の尖兵として城市を落とすたびに、その成果を横取りされていた孫策は、袁術の家が四世にわたって漢の宰相を出しながら、漢への忠節を尽くさないことを厳しく批判した訣別状を突きつける。後漢の衰退の中で、黄巾の乱に代表される、漢への異議申し立ては繰り返されていた。それにも拘らず、真っ先に漢の皇帝を無視して、皇帝を僭称した袁術は、批判の中で破滅する。曹操が最後まで献帝を擁立し続けたことを見ても、漢の権威は、なお強力であったと考えてよい。それは、後漢の国教である儒教によって、漢が支えられていたからである。

第四回 呂布の裏切り

司徒王允等、密かに卓を誅するを謀る。中郎将呂布、力を脅かして過人なり。卓信じて之を愛す。嘗て小失ふ、卓意。卓手ずから戟を擲つ。布避けて免るるを得たり。結んで布の為に内応す。卓入朝する時、勇士を伏せて北掖門に刺す。卓車より堕ちて大いに呼ぶ、呂布を。布曰く、詔有りて賊臣を討つと。応声して矛を持ち、卓を刺し趣きて之を斬る。先是より、卓塢を郿に築き、積むこと穀三十年の儲の如し。金銀・綺錦・奇玩、積むこと丘山の如し。自ら云ふ、事成らば天下に拠らん。成らずんば此を守りて以て老に至らん。是に至り暴屍を市に於てす。卓素より肥えたり。吏大炷を臍中に置きて之を然やす。光達すること曙に肥りて者数日なり。卓党兵を挙げ関を犯し、殺す

脅力 力がつよいこと。

戟 両傍に枝の出ている槍のような武器。

北掖門 北門のかたわらの小門。

矛 単枝の槍のような武器。

塢 軍事的拠点。

綺錦 あやにしき。

奇玩 珍しいもてあそびもの。

大炷 大きな燈心（あかりをともすためのしん）。

王允、呂布走る。

【書き下し】

司徒の王允ら、密かに謀りて卓を誅す。中郎将の呂布、膂力人に過ぐ。卓之を信愛す。嘗て小しく卓の意を失ふ。卓手づから戟もて布に擲つ。布避けて免るるを得たり。允、布と結びて内応を為さしむ。卓の入朝するとき、勇士を卓を北掖門に伏せて之を刺す。是より先、卓塢を郿に築き、穀を積みて三十年の儲を為す。布曰く、「詔有り賊臣を討つ」と。声に応じて矛を持ち、卓を刺して趣かに之を斬る。卓車より堕ちて大いに呂布を呼ぶ。布曰く、「詔（皇帝の命令）有り賊臣を討つ」と。自ら云ふ、「事成らば天下に拠らん。成らずんば此を守りて以て老いん」と。是に至りて屍を市に暴さる。卓の党 兵を挙げて関を犯し、王允を殺す。呂布走る。

【現代語訳】

司徒の王允たちは、ひそかに謀って董卓を殺そうとした。中郎将の呂布は、力が人に優れて強かった。董卓は呂布を信愛していた。（ところが）あるとき呂布は些細なことで董卓の機嫌を損ねた。董卓は（怒って）自らの手で戟をわが呂布に投げつけた。呂布は身をかわして免れることができた。（それ以後、呂布は董卓を怨んだ。かねてから同郷の呂布と親しくしていた）王允は呂布と結託して（朝廷に）内通させた。董卓が参内するとき、勇士を董卓を北掖門に待ち伏せさせ董卓を襲わせた。董卓は車から落ちて大声で呂布を呼んだ。呂布は、「詔（皇帝の命令）があり賊臣を討つ」と言った。その声にあわせて矛を持ち、董卓を刺してすぐにこれを斬り殺した。これよりさき、董卓は塢を郿に築き、穀物を蓄積すること三十年分のたくわえをしていた。（また）金銀・綾錦・宝物を、積み貯えること山のようであった。（このとき）呂布は、「大望が成就すれば天下がわが城としよう。成らねば郿塢を守って老後を安楽に過ごそう」といっていた。（しかし）ここに至って死体を市にさらされた。董卓は平素から肥っていた。（そして）役人は大きな燈心をつくり、臍の中に立ててこれを焼いた。その光は数日間も夜明けまで明るかった。董卓の部将（の李傕や郭汜）は兵を挙げて函谷関より進入して、王允を殺した。呂布は逃げ（て袁術に投じ）た。

解説・鑑賞

● 傾国の美女、貂蝉

『三国志演義』は、王允と呂布による董卓の暗殺に虚構を設ける。呂布と董卓が傾国の美女、貂蝉を争ったとするのである。貂蝉は架空の人物であるが、中国四大美女にも含まれる。『三国志演義』の印象がいかに強かったのかを理解できよう。『三国志』は、呂布が董卓から戟を投げつけられ、仲違いした理由を記さない。また、王允と呂布とが結びついた理由として、同郷であることを示すだけである。その不十分な記録を虚構によって補ったのである。以下、『三国志演義』の叙述を要約して示しておこう。

王允は、かかえていた歌姫の貂蝉を呂布の妻にすると約束する一方で、董卓に侍女として差し出す。呂布は、貂蝉が董卓のもとにいることを聞いて、驚いて董卓のもとに駆けつけた。

呂布が董卓のもとに行くと、董卓は貂蝉と一緒に休んでいて、まだ起きて来ないという。驚いた呂布が奥に忍び込むと、それを見つけた貂蝉は、悲しみに堪えない風情で呂布の心をかき乱す。一方、董卓が病気になると、貂蝉は帯びも解かずに看病する。呂布が見舞いに奥に入ると、貂蝉は床の後ろから半身を乗り出して自分の胸を指し、ついで董卓を指して、涙をはらはらと流す。呂布の心は、張り裂けんばかりである。

董卓の政務中、呂布は馬を飛ばして貂蝉に遇いに来た。貂蝉は泣きながら呂布に訴えかける。「わたくしは将軍を当代随一の英雄だと思っておりました。それがなんと他人の指図を受けておられるとは」。呂布は恥ずかしさで顔を真っ赤にして、貂蝉を抱擁しながらやさしい言葉で慰めた。董卓は呂布がいないので急いで戻ってくると、呂布と貂蝉が語り合っている。董卓は怒って呂布に戟を投げつけた。

董卓の謀臣である李儒（架空の人物）は、貂蝉を呂布に与えるよう説得した。董卓はその気になったが貂蝉に、「呂布のもとに行くくらいなら死んだほうがましです」と泣かれて止めた。「われらはみな、女の手に死ぬのか」。李儒の嘆きは的中する。

後漢の中央官制

```
                                    皇帝
                                     │
                   ┌─────────────────┼─────────────────┐
                   │                 │                 │
              録尚書事              三公 ──── 外朝
             (事実上の宰相)            │      皇帝と集議を行い
                   │          ┌──────┼──────┐  政策を決定
                   │         司空   司徒   太尉
                   │      (公共事業 (儀礼・ (軍事を
                   │       を掌握)  教化を  掌握)
                   │               掌握)
                   │                 │
                   │                九卿
                   │    ┌────┬────┬────┬────┬────┬────┬────┬────┬────┐
                   │   少府  大司農 宗正 大鴻臚 延尉 太僕 衛尉 光禄勲 太常
                   │  (帝室 (国家 (帝室 (外交)(司法)(車馬 (皇宮 (近衛)(帝室
                   │  の財政)財務)の事務)            の管理)警護)       の儀礼)
                   │    │                          │    │    │    │
                   │    │                        考工令 公車司馬 奉車都尉 五官中郎将 博士祭酒
                   │    │                        車馬令 南宮司馬 駙馬都尉 左中郎将  太史令
                   │    │                        など   北宮司馬 騎都尉  右中郎将  など
                   │    │                               など    など   虎賁中郎将
                   │    │                                             羽林中郎将
                   │    │                                             など
         ┌─────────┤    │
         │   内朝   │
  御史台  │  尚書省 │侍中など
         │尚書令    │(皇帝と対応)
         │(政務全般 中常侍など
         │を掌握)  (宦官の最高官)
         │  │
         │ 二千石曹
         │ 三公曹
         │ 吏曹
         │ 民曹
         │ 南客曹
         │ 北客曹
  御史中丞
  (監察を担当)───侍御史
```

後漢の中央官制

第五回 劉備と孫策

涿郡ノ劉備、字ハ玄徳、其ノ先ハ出ヅ於景帝ヨリ。中山靖王勝之後也。有リ大志、少ク語リ言、喜怒不ズ形ハサ於色ニ。河東関羽、涿郡ノ張飛、与ニ備相善シ。備起ルヤ、二人従フ之ニ。孫堅之子策、与三弟ノ権ニ留マリ于舒ニ。堅死スルトキ、策年十七。往キテ見エ袁術ニ、得タリ其ノ父ノ余兵ヲ。策十余歳ノ時、已ニ交結シテ知ラル名ヲ。舒人周瑜、与ニ策同年ナリ。亦英達夙成ナリ。至リテ是ニ従ヒテ策ニ起ツ。策東ノカタ渡リ江ヲ、転闘シ、所向無シ敢ヘテ当ツル其ノ鋒ニ者。百姓聞キテ孫郎至ルト、皆失フ魂魄ヲ。所ノレ至ル無シ所レ犯ス。民皆大イニ悦ブ。

交結 交わりを結ぶこと。

英達夙成 才気が人よりすぐれ、早くから名を成していること。

孫郎 郎はおぼっちゃまという意味。ここでは孫策をさす。

【書き下し】

涿郡の劉備、字は玄徳、其の先は景帝より出づ。中山靖王勝の後なり。大志有り、語言少なく、喜怒色に形はさず。河東の関羽、涿郡の張飛、備と相善し。備起るや、二人之に従ふ。

孫堅の子策、弟の権と富春に留まり、舒に遷る。舒の人たる周瑜、策と同年なり。亦た英達夙成なり。是に至りて策に従ひて起る。

策十余歳の時、已に交結して名を知る。堅死するとき、策年一七。往きて袁術に見え、其の父の余兵を得たり。

策東のかた江を渡り転闘し、向ふ所敢て其の鋒に当る者無し。百姓、孫郎至ると聞き、皆魂魄を失ふ。至る所一も犯す所無し。民皆大いに悦ぶ。

【現代語訳】　涿郡の劉備は、字を玄徳といい、その祖先は前漢の景帝から出ている。(景帝の第六子で)中山靖王の勝の子孫である。志が大きく、口数が少なく、喜怒哀楽を顔色に表わさなかった。河東の関羽や、涿郡の張飛は、劉備と親しかったので、劉備が兵を起こすと、二人はかれに従った。

孫堅の子の孫策は、弟の権と富春県に留まったのち、舒県に遷った。舒県の人である周瑜は、策と同年齢であった。(豪傑と)交わりを結んで名を成していた。また才気が人に勝れ早くから名を知られていた。ここに至って策に従って兵を起こした。策は東へ進み長江を渡って転戦したが、向かうところその鋭鋒にかなう者はなかった。人々は孫郎が来たと聞くと、皆胆をつぶした。(しかし)実際に(孫策軍が)来てみると、少しも掠奪しなかった。人々は皆大喜びした。

三義宮
桃園の誓いの舞台となった涿郡に残る廟

解説・鑑賞

●成り上がりの英雄

　蜀漢を建国する劉備は、太尉についた父をもつ曹操はもとより、江東の小豪族出身である孫氏に比べても、さらに下層の出身である。前漢の景帝の子中山靖王劉勝の後裔と称するものの、後漢の皇室とは他人も同然で、草鞋をあみ筵を売って暮らしていた。後漢末の高名な儒学者である盧植に学んだ際に、一族の援助を受けたことは記録されるが、起兵以降、その一族の力を利用できた形跡はない。

　劉備が挙兵した際、中山の馬商人である張世平と蘇双は、多くの金財を提供した、と『三国志』先主（劉備）伝は記す。中山は、太原と涿郡の中間に位置する。張世平と蘇双は、涿郡に馬の買いつけに来ていた。涿郡出身の劉備と張飛は、馬商人に資本を提供され、馬商人の取引相手であった塩商人と関わりを持つ関羽と共に、黄巾の乱に乗じて一旗あげたと考えてよい。やがて、徐州で劉備を支え、妹を嫁がせる麋竺も、後世に伝説を残す

ほどの大商人であった。

　劉備が成り上がったのは、劉備と義兄弟の関係を結び、一族の代わりとなって集団の中核を構成した関羽・張飛、そして趙雲の武力に依存する。かれらの存在ゆえに劉備は、傭兵として公孫瓚→呂布→陶謙→袁紹→曹操→劉表とさまざまな群雄の間を渡り歩く。その間に、一時的ではあるが、豫州・徐州という本拠地を得ることもできた。ところが、劉備はそれらの支配地域を失ってしまう。地域を支配するための行政能力を持つ名士と呼ばれる知識人層が集団に留まらなかったためである。

　しかし、劉備は、公孫瓚のように名士を受け入れない態度を示したわけではない。むしろ、高名な名士の孔融（孔子の二十世孫）が、劉備に助けを求めると、「孔融ほどの名士が天下に劉備があることを知っていてくれたのか」と喜び、すぐさま救援に赴いたように、名士を尊重し、名士間に名を売ろうとした。したがって、豫州では陳羣・徐州では陳登という当時を代表する名士を辟召（部下として召し出すこと）している。しかし、かれらは、劉備がそれらの州を失うと随従せず、名士が集団に留まり続けることはなかった。陳羣の献策に劉備が従わな

かったように、関羽・張飛を差し置いてまで、名士の進言に従い得る集団でなかったためである。

この結果、名士は集団に留まり続けず、一時的に支配地を得ても保有することができず、劉備はやがて荊州の劉表を頼る。そこで、諸葛亮と出会うことになる。

● 海賊平定で名をあげる

孫呉の基礎を築いた孫堅は、呉郡富春県の小豪族の出身である。その台頭は、十七歳のとき海賊を平定したというその武力に依存する。

黄巾の乱が起こると、その平定に努めていた朱儁に見出され、功績をあげる。長沙太守に任命された孫堅は、区星の乱を平定したほか隣接の郡の反乱までを鎮圧する武力を示した。

やがて、董卓が専制政治を行うと、孫堅はその打倒に立ち上がる。しかし、名士を傘下に納めなかったため、根拠地を保有できず、兵糧や軍勢を袁術に依存していた。

それでも、孫堅は、陽人の戦いで董卓軍を破り、首都の洛陽に一番乗りを果たした。長安に逃れる際、董卓は洛陽を破壊していたが、孫堅は盗掘された皇帝陵を整え

るなど、漢室への忠義を尽くしたのである。

しかし、袁術に依存していた孫堅は、袁術の命により劉表と戦うことになる。陣頭で戦い続けた孫堅は、やがて劉表の部将である黄祖との戦いの中で命を落とす。享年、三十七歳であった。

孫堅の漢への忠義に貫かれた一生は、こののち孫策に袁術から自立する正統性を与える。さらには、孫氏が江東に自立勢力を形成していく際の大義名分となっていく。また、孫堅を支えた武将たちは、こののちの子の孫策・孫権を支えていく。程普・韓当・朱治・黄蓋といった孫堅の武将たちは、赤壁の戦いの際にも、曹操との決戦の主力となっていった。

孫堅の生涯は、漢室への忠義を尽くしたという正統性と譜代の臣下たちを子どもたちに残したのである。

許昌の関羽像

37　第５回　劉備と孫策

第六回　曹操の台頭

初メニ曹操自リ討二卓時一、戦ヒ二于滎陽一、還リテ
屯二スルニ河内一。尋イデ領二シ東郡太守ヲ一、治二ムル東武
陽一ニ。已ニシテ而入リ二兗州一ニ拠レ之、自ラ領二スル刺史ヲ一。
遣ハシテ二使ヲ一上書シテ、以為二兗州牧一ト。上還二ル洛
陽一ニ。操入リ朝シ、遷二ル上於許一ニ。
操撃チテ殺二ス呂布ヲ一。初メ布自リ二関中一出デヽ奔二ル袁
術一ニ、又帰二ス袁紹一ニ。已ニシテ而又去リテ、為ニ二操ノ所一
攻ムル、走リテ帰ス二劉備一ニ。尋又襲ヒ備、拠ル二下邳一ニ。
備走リ帰ス二操一ニ。操遣ハシテ二備ヲ一シテ屯ムル二沛一ニ。布使メ二陳
登ヲシテ見エ一操ニ、求ムルモ二ランコトヲ徐州牧一ト、不レ得。登
還リテ謂フ二布ニ曰ク、登見エテ二曹公一ニ言フ、養ハン二将軍一ヲ
如レク養フ二虎ヲ一。当ニシニ飽カシムノ二其肉ヲ一。不レバ飽カ則チ噬マント
レ人ヲ。

東武陽　東武陽は東郡の属県。治は郡府を置くこと。

刺史　もともとは州の監察官。秩石は六百石。

州牧　州の行政官。後漢末には、はじめ九卿（中二千石）が就任した。

関中　函谷関より西の陝西省方面。長安を中心とする。

下邳　今の江蘇省邳県。

沛　江蘇省にある漢を建てた高祖（劉邦）の生地。

人ヲ公曰、不レ然。譬ヘバシ如レ養レ鷹ヲ。飢ウレバチ則
附レ人ニ、飽カバチ則颺テルト去リテ、布復タ攻レ備ヲ。備走リテ
復帰レ操ニ。操撃チテ布ヲ、至三下邳一。布度リ、戦ヒテ
皆敗レ、困迫シテ降ル。操縛レ之ヲ曰ク、縛レ虎ヲ不レ
得レ不レ急ナラ。卒ニ縊三殺之一。備従ヒテ操ニ還レ許ニ。

【書き下し】　初め曹操卓を討つ時より、滎陽に戦ひ、還りて河内に屯す。尋いで東郡太守を領し、東武陽に治す。已にして又 去り、操の攻むる所と為りて、走りて劉備に帰す。尋いで又 備を襲ひ、下邳に拠る。備 走りて操に帰す。操 備をして沛に屯せしむ。布 陳登をして操に見えしめ、徐州牧と為らんことを求むるも、得ず。登 還りて布に謂ひて曰く、『曹公に見えて言ふ、『将軍を養ふは虎を養ふが如し。飽かずんば則ち人に当に其の肉に飽かしむべし。飽かば則ち人を噬まん』と。公曰く、『然らず。譬へば鷹を養ふが如し。飢うれば則ち人に附き、飽かば則ち颺て去る』と』と。布復た備を攻む。備 走りて復た操に帰す。操 布を撃ち、下邳に至る。布 度々戦ひて皆敗れ、困迫して降る。操 之を縛して曰く、「虎を縛するは急ならざるを得ず」と。卒に之を縊殺す。備 操に従ひて許に還る。

【現代語訳】　これよりさき曹操は董卓を討つ時から、滎陽で戦い、もどって河内郡に駐屯した。ついで東郡太守となり、(その属県の)東武陽県を治所(郡府の所在地)とした。そののち兗州に入ってここを拠点とし、自ら兗州刺史と称した。使者を派遣して(皇帝に)書を上り、兗州牧となった。天子が(長安から)洛陽に帰った。曹操は入朝して、天子を許に遷した。

これよりさき呂布は関中から袁術のもとへ出奔し、また袁紹を頼った。やがてまた去り、曹操は攻撃して呂布を殺した。

操に攻められて、敗れて劉備をたよった。ついでまた劉備を襲い、下邳を拠点とした。劉備は逃れて曹操をたよった。曹操は劉備を沛に駐屯させた。呂布は陳登を曹操に面会させて、徐州牧になることを求めたが、得られなかった。陳登は戻って呂布に報告して、「登は曹公に会って、『（呂布）将軍を養うのは虎を養うようなものです。（徐州という餌を与えて）肉に飽きさせなければなりません。飽き足りないと人を噛む（ように曹公を攻める）でしょう』と申しました。曹公は、『そうではない。たとえば鷹を養うのと同じようなものだ。飢えれば人に馴つく、飽きると飛び去ってしまうことはできない』と言った」と申し上げた。呂布はまた劉備を攻めた。備は逃れて曹操をたよった。曹操は呂布を縛って、「虎を縛るにはきつくしな下邳まで来た。そしてこれを絞殺した。劉備は曹操に従って許にもどった。呂布はしばしば戦ったがみな敗れた。困り果てて降伏した。曹操は呂布を攻めて、ければならぬ」と言った。

州
州牧
州の全権を掌握

郡
郡太守（国相）
地方行政の中核

県
県令　　県長
大きな県　小さな県

州刺史
本来は州の監察官

後漢の行政区分と行政官

解説・鑑賞

● 呂布の生涯

三国志最強の武将は、呂布である。愛馬赤兎に乗ったその雄姿は、「人中に呂布あり、馬中に赤兎あり」という軍中語（軍隊の中で行われた人物評価）により伝えられる。

王允とともに董卓を殺害した呂布であったが、董卓の率いていた涼州兵を許さなかったため、李傕と郭汜が糾合した涼州兵に長安を陥落させられた。呂布は、袁術のもとに逃れた。董卓は袁隗をはじめとする袁氏一族を殺害しており、呂布はその敵討ちをしたことになるからである。しかし、袁術は呂布の無節操を憎み、これを受け入れなかった。仕方がなく、北方の袁紹に仕え、黒山の張燕を破ったものの、その傲慢さを嫌われ、張邈のもとに逃れていく。曹操が徐州大虐殺を行ったことで、陳宮が反乱を起こすと、張邈とともにこれに参加し、兗州牧に迎えられ、濮陽で曹操と戦った。曹操に敗れた呂布は、徐州牧となっていた劉備を頼り、その隙をみて張飛を破り、下邳城を奪い取って劉備の妻子を捕虜とする。劉備は、呂布と和解して小沛に駐屯し、捲土重来を期した。

建安三（一九八）年、呂布は袁術と結んで曹操に反旗を翻し、劉備を破って曹操のもとへと追いやる。曹操は自ら呂布の征討に赴き、下邳を水攻めにした。郭嘉の進言により、沂水と泗水の流れを決壊させたのである。下邳城は、東門を除き、ことごとく水浸しとなった。曹操が行った水攻めは、城市の周囲に長大な堤防を築き、近くの河川から水を引いて水没させる戦法であった。これは大規模な土木工事を必要とし、費用も日数も掛かる攻め方であるが、火薬がなかった三国時代には、城攻めの重要な手段の一つであった。

困窮した呂布は、袁術に救援を求めるが、袁術は現れない。水攻めによって兵糧が不足し、内部分裂した呂布の集団は崩壊、呂布は曹操に降服したのである。

第七回 官渡の戦い

袁術初メ南陽ニ拠ルヲ以テ、已ニシテ而シテ寿春ニ拠ル。識者言フ、「代ニ漢ニ当タル者ハ塗高ニ当タリ」と。之ニ応ズ。遂ニ帝ト称ス。淫侈スルコト甚ダシ。既ニシテ資実空虚、不能自立。欲奔袁紹、遣劉備邀之。術走還、欲血死。

孫策既定江東、欲襲許、未発。故所殺呉郡守許貢之奴、伏而射之。創甚ダシ。呼弟権、代領其衆曰、「挙江東之衆、決機於両陣之間、与天下争衡、卿不如我。任賢使能、各尽其心、以保江東、我不如卿。」卒ス、年二十六ナリ。

寿春 県名。今の安徽省の地。

識 予言書。緯書（孔子に仮託して偽作された予言書）の一種。

当塗高 「塗」はみち、道路のこと。「塗に当たりて高し」とは、周の時代に法令を楼門に懸げて、民に仰いで見させたことをさす。これを「象魏（魏を象徴する）」と解釈することで、後に魏もこれを利用する。袁術は、名の「術」が邑中の「道」の意であり、字の「公路」が「大道」を意味することから、自分のための予言だとしたのである。

淫侈 「淫」は酒色に耽ること。「侈」は浪費すること。

争衡 勝負を争うこと。「衡」はハカリザオ、すなわち秤竿のこと。

袁紹拠㆓冀州㆒。簡㆓精兵十万、騎一万㆒、欲㆑攻㆑許。沮授諫曰、曹操奉㆓ジテ天子㆒以令㆓天下㆒。今挙㆑兵南向、於㆑義則違。密為㆓公懼㆒之。紹不㆑聴。操与㆑紹相㆑拒㆓於官渡㆒。襲破㆓紹輜重㆒。紹軍大潰。慚憤欧㆑血死。

官渡　城名。今の河南省の地。

【書き下し】

袁術　初め南陽に拠り、已にして寿春に拠る。讖に「漢に代はる者は塗に当たりて高し」と言ふを以て、自ら云ふ、「名字之に応ず」と。遂に帝と称す。淫侈すること甚し。既にして資実空虚にして、自立する能はず。袁紹に奔らんと欲す。操劉備を遣はして之を邀へしむ。術走り還り、血を欧きて死す。故の殺す所の呉郡守たる許貢の奴、其の出でて猟するに因りて、伏して之を射る。創甚だし。弟の権を呼びて、代はりて其の衆を領せしめて曰く、「江東の衆を挙げて、機を両陣の間に決し、天下と衡を争ふは、卿我に如かず。賢に任じ能を使ひ、各其の心を尽くさしめて、以て江東を保つは、我卿に如かず」と。孫策　既に江東を定め、許を襲はんと欲すも、未だ発せず。袁紹　冀州に拠る。精兵十万、騎一万を簡び、許を攻めんと欲す。沮授　諫めて曰く、「曹操　天子を奉じて以て天下に令す。今　兵を挙げ南に向かはば、義に於て則ち違はん。密かに公の為に之を懼る」と。紹聴かず。操紹と官渡に相　拒ぐ。襲ひて紹の輜重を破る。紹の軍　大いに潰ゆ。慚憤して血を欧きて死す。年二十六なり。

【現代語訳】

袁術ははじめ南陽郡を拠点としていたが、しばらくして寿春県を拠点とした。讖緯書（予言書）に「漢に

代わる者は途に当たって高し」とあることを、自分で、「名（術）と字（公路）が一致している」といった。こうして皇帝を称した。酒と女に耽り浪費が甚だしく、やがて財政が窮乏して、自立ができなくなった。(そこで、従兄の)袁紹のもとに逃げようとした。曹操は劉備を派遣して迎撃させた。袁術は敗走して、(悲憤のあまり)血を吐いて死んだ。

孫策はすでに江東を平定し、(曹操の拠点である)許を襲おうとしたが、まだ実行できないうちに、呉郡太守である許貢の家来が、孫策が猟に出かけるのを見かけ、待ち伏せして狙撃した。傷は重かった。かつて(孫策が)殺した呉郡太守である許貢の家来が、(自分に)代わって軍勢を統率させて言った、「江東の軍を率いて、勝機を(敵味方)両陣の間で決し、天下の群雄と強弱を争うのは、お前は卿に及ばない。賢者を任じ能者を用い、それぞれにその心を尽くさせ、江東を保っていくのは、卿はお前に及ばない」と。(遺言すると)亡くなった、二十六歳であった。

袁紹は冀州を拠点としていた。精兵十万、騎兵一万を選び、(曹操が都としていた)許を攻めようとした。沮授が諫めて、「曹操は天子をいただき天下に号令しております。いま兵を挙げ南に向かえば、(天子に弓を引くことになり)義として(臣たる道に)違うことになりましょう。ひそかに公のためにこれを心配いたします」と言った。(しかし)袁紹は聴き入れなかった。曹操は袁紹と対陣し、官渡で互いに戦った。(曹操は烏巣を)急襲して袁紹の輜重を破った。紹の軍は大敗した。(袁紹は)恥じ憤って血を吐いて死んだ。

曹公像
官渡の古戦場には、曹操の像が置かれている。

解説・鑑賞

● 孫策横死の理由

孫策横死の理由は、その江東支配が安定しなかったためである。その最大の理由は、孫策による陸康の族滅にある。袁術の命を受け、孫策が攻撃した廬江太守の陸康は、呉郡を代表する豪族「呉の四姓」の出身であった。呉郡の富春県の弱小豪族出身である孫氏は、陸氏を筆頭とする「陸・顧・朱・張」という呉の四姓の支持を得て、呉郡に基盤を構築することが、孫堅以来の宿願であった。

孫堅の後を嗣いだ孫策は、袁術から自立する前に陸康を訪ねている。袁術の私兵同然の状況から抜け出すため、郷里の大豪族たちの協力を求めに行ったのであろう。しかし、陸康は自ら会おうとはせず、部下の役人に応対させただけであった。孫策は、つねづねこれを恨みに思っていたという。父孫堅は呉の四姓を尊重し、陸康の甥から救援を頼まれた際に、躊躇なく軍を進めている。それなのに、という孫策の気持ちは共有できよう。ゆえに孫策は、容赦なく陸康を攻撃し、一族の大半を殺害した。

これにより、陸氏を筆頭とする江東の名士・豪族は、孫策に対して抜き差しならない感情を持つに至る。孫呉政権の滅亡まで続く、孫氏と江東の豪族たちとの対峙性がここに生まれたのである。

臨終の際、孫策は弟の孫権に、「軍勢を動員し、天下の群雄たちと雌雄を決することでは、お前はわたしに及ばない。しかし、賢者の意見を聞き、才能のある者を用いて、江東を保つことでは、お前の方がわたしよりも優れている」と言い遺す。陸康を直接手にかけた自分への江東の反発を最期まで気に病んでいたことが分かる。

● 官渡の戦いの勝因

反董卓を旗印に挙兵して以来約十年、曹操はようやく河南の兗州・豫州を基盤に、献帝を擁立して天下に号令する立場をえた。しかし、袁紹もまた、河北の冀州・幽州・并州・青州を支配し、曹操をうわまわる領土を支配していた。袁紹が、その本拠地である鄴を精兵十数万を率いて出発したと聞いた曹操は、建安四（一九九）年八月、黎陽に軍を進めて先制攻撃をしかけたのである。

これに対して、建安五（二〇〇）年二月、袁紹の大軍は、ついに進撃を開始する。黎陽に進軍した袁紹は、袁紹軍を代表する猛将である顔良に、白馬を守る曹操側の劉延の攻撃を命じた。四月、曹操は荀攸の献策に基づき、ひとまず延津に兵を進め、黄河をわたり敵の背後をつく作戦とみせかけ、白馬に急行した。予想どおり袁紹は軍を二分し、主力を西に向けて曹操軍が黄河を渡ることを防ごうとした。これを見た曹操は、一気に白馬に向かい、一時的に曹操の部将となっていた関羽が顔良を斬り、袁紹軍を大破したのである。
　顔良の敗戦を聞いた袁紹は、黄河を渡り延津の南に軍を進め、曹操を追った。大軍に追撃された曹操は、わざと軍事物資を大量に棄てる。敵の騎兵がそれに気を取られると曹操は反撃に転じ、顔良と並ぶ袁紹軍の勇将文醜を討ち取った。あいつぐ武将の戦死に袁紹軍がひるむと、曹操は官渡に帰還する。緒戦は、曹操の勝利のうちに終わり、こののち官渡における本格的な陣地戦が開始されるのである。
　緒戦のつまづきにより、やむなく陽武に陣取った袁紹は、各陣営を横に連ねて前進し、官渡にせまって決戦をいどむ。曹操は兵力不足のため、陣営深くにひきこもった。そこで袁紹は、高い櫓を組んで上から矢の雨を降らせると、曹操は発石車を使って櫓を破壊した。すると、袁紹が地下道を掘り進めたので、曹操も堀を作って対抗した。しかし、陣地をめぐる長期戦は、結局は兵力の多い袁紹に有利なのである。
　戦いの長期化により、曹操軍では兵糧輸送がとどこおりはじめる。さすがの曹操も弱気になって、留守を預かる荀彧に撤兵すべきか否かを相談した。荀彧は名士間の情報を分析し、勝利を確信していたので、抗戦を続けるよう曹操を励ました。兵糧に苦しんだのは袁紹軍も同じである。袁紹は淳于瓊に輸送隊を迎えに行かせた。このとき、袁紹に献策を無視され続けた名士許攸が、曹操に帰順した。袁紹は、どの名士の献策に従うべきか、判断できなかったのである。
　許攸は、淳于瓊が烏巣で守る兵糧を攻撃することを進言した。その信用性を危ぶむ声もあったが、荀攸と賈詡の勧めもあり、曹操は自ら精鋭を率いて烏巣を救援し、淳于瓊を破り兵糧を焼き払った。袁紹は、淳于瓊を攻撃する一方で、曹操不在の官渡を張郃・高覧に攻撃させ

官渡の戦い

袁紹軍（破線矢印）
曹操軍（実線矢印）

白馬の戦い
官渡の戦いの前哨戦である白馬の戦いでは、運動戦を行った曹操の先鋒関羽が、袁紹の武将である顔良を斬った。

官渡の戦い
官渡の戦いは陣地戦となり、兵力の多い袁紹に有利であったが、曹操は袁紹側の兵糧貯蔵庫の烏巣を騎兵で強襲し、勝利をおさめた。

た。しかし、淳于瓊の敗退を聞いた張郃・高覧は曹操に降服、袁紹軍は総崩れとなり、官渡の戦いは曹操の大勝利に終わったのである。

二人の名士の使い方が、勝敗を分けた一戦と言えよう。

第八回 髀肉の嘆

車騎将軍董承、称¹⁾受²⁾密詔、与³⁾劉備、誅⁴⁾セントス曹操⁵⁾ヲ。操一日、従容トシテ謂⁶⁾ヒテ備ニ曰ク、今天下ノ英雄、唯ダ使⁷⁾ムル君⁸⁾ヲシテ与⁹⁾レ操¹⁰⁾ト耳。備方ニ食、失¹¹⁾シス匕筯ヲ。値ヒテ雷震¹²⁾ニ詭¹³⁾リテ曰、聖人云、迅雷風烈必変。良有以也。備既ニ被¹⁴⁾レテ遣ハサ袁術ニ。因リテ起¹⁵⁾コシテ兵ヲ討¹⁶⁾レ操ヲ。操撃¹⁷⁾ツレ之ヲ。備先ニ奔¹⁸⁾リ冀州ニ、領¹⁹⁾シテ兵ヲ至²⁰⁾ル汝南²¹⁾ニ。自リ汝南ニ奔²²⁾リ荊州ニ帰²³⁾ス劉表ニ。嘗テ於²⁴⁾テ表坐ニ起チテ至²⁵⁾ル厠ニ。還リテ慨然トシテ流涕²⁶⁾ス。表怪²⁷⁾シミテ問²⁸⁾フレ之ヲ。備曰、常時、身不²⁹⁾ズレ離レ鞍ヲ、髀肉皆消ス。今不³⁰⁾レ復タ騎³¹⁾ラ。髀裏ニ肉生ク。日月如³²⁾ク流、老将³³⁾ニ至ラントレ、功業不³⁴⁾レ建タ。是以悲耳。

車騎将軍 勲功の著しい者に与えられる将軍の称号。

使君 州牧のこと。

匕筯 「匕」は匙。「筯」は箸。

迅雷風烈必変 『論語』郷党篇の句。孔子は烈しい雷や風の時は（これを天の怒りと考え）必ず顔色を変えて謹慎したという。

有以 以は故の意味。

慨然 嘆く様子。

髀肉 内ももぜい肉。

功業 功績。ここでは漢を復興すること。

【書き下し】

　車騎将軍の董承、密詔を受くと称し、劉備と曹操を誅せんとす。操、一日、従容として備に謂ひて曰く、「今天下の英雄は、唯だ使君と操とのみ」と。備、方に食さんとし、匕筯失す。に必ず変ず」と。良に以有り」と。（驚きのあまり）箸を落とした。雷鳴が激しいことにかこつけて、「聖人（孔子）は、『激しい雷や風の日には顔色を変え（て天を恐れられ）た』と言います。もっともなことです」と言った。劉備は（曹操に）派遣されて袁術を迎撃した。それに乗じて徐州に行き、兵を起こして曹操を討った。曹操はこれを撃破した。劉備はまず冀州（の袁紹のもと）にのがれ、（袁紹の命により）兵を率いて汝南郡に行っ（て曹操に抵抗し）た。（袁紹が官渡で敗れると）戻ってくると慨きながら涙を流した。劉表は不思議に思いそのわけを尋ねた。劉備は、「つねに（戦場を往来して）、この身が鞍を離れることがありませんでしたから、股の裏に贅肉がありませんでした。（ところが）いま久しく馬に乗りませんので、股の内側の贅肉はみな消えておりました。日月は流れるように去り、老境が身に迫っているのに、功績をたてていません。このため悲しんでいただけです」と言った。

【現代語訳】

　車騎将軍の董承は、（献帝の）密詔を受けたと称して、劉備とともに曹操を誅殺しようとした。曹操はある日、くつろいだ様子で劉備に向かって、「いま天下の英雄は、ただ使君と操だけだ」と言った。劉備はちょうど食べようとしていたが、備既に遣はされて袁術を邀ふ。因りて徐州に之き、兵を起こして操を撃つ。操、之を撃つ。還り備先づ冀州に奔る。兵を領して汝南に至る。汝南より荊州に奔り、劉表に帰す。嘗て表の坐に於て、起ちて厠に至る。髀裏に肉生ず。慨然として涕を流す。表怪しみて之を問ふ。備曰く、「常時、身鞍を離れず、髀肉皆消す。今復た騎らず。髀裏に肉生ず。日月流るるが如く、老の将に至らんとするに、功業建たず。是を以て悲しむのみ」と。

解説・鑑賞

● 劉備と名士

劉備は、荊州で劉表の客将となるまで、三国時代の支配層であった名士と呼ばれる知識人を自分の集団に受け入れない態度を示してきたわけではない。しかし、陳羣(ちんぐん)・陳登(ちんとう)などかつて集団に加入した名士は劉備集団に留まり続けなかった。劉備集団は、関羽・張飛を差し置いて、名士の進言に従える集団ではなかった。劉備が名士の支持を得るのは、諸葛亮が集団に参加した後のことである。

名士が集団に留まらないため、劉備は傭兵として群雄の間を渡り歩き、結局劉表を頼ることになった。その間、劉備の傭兵隊長としての能力は、研ぎ澄まされた。劉備には不思議な魅力があり、多くの雇い主から信頼を受け続けた。

もちろん、劉備の軍隊指揮能力は、曹操に「今の世の英雄は、君と私だけだ」と言わせるだけのものがあった。ののち政権に参加し、『三国志演義』では天才軍師として描かれている諸葛亮は、劉備の生前中には、原則として軍隊を率いて戦うことはなかった。諸葛亮は、劉備の軍事能力の高さを信頼していたのである。

劉備は荊州で焦っていた。長いこと馬に乗らなかったため、ももの内側にぜい肉がついてしまったことを嘆く「髀肉の嘆」という言葉が生まれたのも、この時期である。

しかし、客将という立場で、劉表の臣下に自己を売り込むことは許されない。したがって、高い名声を持ちながらも、劉表では天下を統一できないと考えて距離を保っている諸葛亮や徐庶は、格好の接近対象であった。また、かれらの側も、漢室を復興するという大義名分を持つでもが認める劉備の英雄としての資質には、興味を持っていた。こうした両者の思いが、劉備が諸葛亮を迎える時に尽くした「三顧の礼」をめぐる駆け引きとなって展開されるのである。

[凡例]
主な氏名・出身地を表示した。□は主要人物、○は劉表政権関係者、×は劉表政権と対立関係にあった者を表す。──は血縁関係、┄┄は姻戚関係、→は影響関係を示す。〔士〕は士人、〔豪〕は豪族、〔名〕は名士を表す。
荊州牧・州刺史、荊州の主要郡県の太守・令長などの官職名、および劉表政権の政治的傾向を示す。劉表『後漢書』劉表伝に基づき作成した。

① 劉表政権構成員
② 荊州学
③ 劉表賓客
④ 翼賛をうけた者
⑤ 襄陽グループ

劉表治下の荊州と襄陽グループ

第九回 三顧の礼

瑯邪ノ諸葛亮、襄陽ノ隆中ニ寓居ス。毎ニ自ラ管仲・楽毅ニ比ス。備訪ニ士ヲ司馬徽ニ訪ヌ。徽曰ク、時務ヲ識ル者ハ俊傑ニ在リ。此ノ間自ラ伏龍・鳳雛有リ。諸葛孔明・龐士元也ト。徐庶亦備ニ謂ヒテ曰ク、諸葛孔明ハ臥龍也。備三タビ往キテ乃チ見ユ。亮ニ策ヲ問ウ。亮曰ク、操百万之衆ヲ擁シ、天子ヲ挟ミテ諸侯ニ令ス。此誠ニ与ニ鋒ヲ争ウ可カラ不。孫権江東ニ拠有リ、可三与ニ為レ援、而不レ可レ図ル。荊州ハ用レ武之国、益州ハ険塞、沃野千里、天府之土ナリ。若シ跨リテ荊・益ニ有シ、其ノ巌阻ヲ保チ、天下ニ変有ラバ、荊州之軍カヒ向ニ

管仲 春秋時代の斉の宰相。桓公を補佐して最初の覇者とした。

楽毅 戦国時代の燕の将軍。斉に侵入して多くの城を奪った。

司馬徽 襄陽名士の中心。荊州学（儒教の一派）を諸葛亮らに授けた。

伏龍 臥龍ともいう。諸葛亮の潜在能力を評価した言葉。

鳳雛 龐統への評価。二人への評価は龐徳公によりなされた。

険塞 国の四方を固めている要害が多いところ。

天府之土 物質が充実して天の府庫のような土地。

宛・洛に、益州の衆出づれば、秦川に孰か箪食壺漿して、以て将軍を迎へざらんや。備曰く、「善し」と。亮情好日に密なり。曰く、「孤の孔明有るは、猶ほ魚の水有るがごとし。士元 名は統、龐徳公の従子なり。徳公 素より重名有り。亮其の家に至る毎に、独り床下に拝す。

【書き下し】

瑯邪の諸葛亮、襄陽の隆中に寓居す。毎に自ら管仲・楽毅に比す。此の間 自ら伏龍・鳳雛有り。諸葛孔明・龐士元なり」と。徐庶も亦た備に謂ひて曰く、「諸葛孔明は臥龍なり」と。備三たび往きて乃ち亮を見るを得、策を問ふ。亮曰く、「操は百万の衆を擁し、天子を挟んで諸侯に令す。此れ誠に与に鋒を争ふ可からず。孫権は江東に拠し有し、国険にして民附く。与に援を為す可くして、図るに変有らば、荊州の軍は宛・洛に向かひ、益州の衆は秦川に出づれば、孰か箪食壺漿して、以て将軍を迎へざらんや」と。備曰く、「善し」と。亮 其の情好 日に密なり。

【現代語訳】

　瑯邪（郡出身）の諸葛亮は、襄陽郡の隆中に仮住まいをしていた。いつも自分を管仲や楽毅になぞらえていた。(あるとき)劉備は（優れた）士がいるかを司馬徽に尋ねた。徽は、「時局に必要な仕事を知っている者は俊傑でいた。このあたりには伏竜と鳳雛がおります。諸葛孔明と龐士元です」と言った。徐庶もまた備に「諸葛孔明は臥竜です」といった。

箪食壺漿 「箪」は竹製の食器。「壷」はつぼ。「漿」は一種の飲物。わりごに飯を入れ、つぼに飲物を用意して歓迎すること。

猶魚之有水也 双方離れることの出来ぬ親密な交わりに喩える。

従子 おい。

劉備は三たび足を運んでようやく亮と会うことができ、（自分が持つべき）戦略を問うた。亮は、「曹操は百万の軍勢を持ち、天子を擁立し諸侯に号令を下しております。これはまことに鋒を争って真正面から戦うべきではありません。孫権は江東を拠点とし、その国は険阻で民は懐いております。（これは同盟を結んで）助け合うべきで、（これを攻めようと）図ってはなりません。荊州は（四方に通じており）武を用い（て戦うべき位置にあ）る国であり、益州は天険を持ち（守りに適しており）ます。そこは）、豊かな田畑は千里も広がり、天然の倉庫というべき土地です。（将軍が）もし荊州と益州を併せ持ち、その要害を保ち、天下に変事があれば、荊州の軍は宛や洛陽に向かい、益州の軍隊は秦川に出れば、みな飲食を用意して、将軍をお迎えするでしょう」といった。こうして亮との交情が日ましに親密になった。（関羽と張飛が不満を言うので劉備は）「自分に孔明があるのは、あたかも魚に水のあるようなものである」と。士元は名を統といい、龐徳公の甥である。徳公は高い名声を持っていた。亮はその家に行くたび、ひとり床下に拝礼した。

荊州城
関羽が守った荊州には、明代の城壁が残る。

三顧堂
劉備が諸葛亮を三たび訪れた草廬が復原されている。

解説・鑑賞

● 常識に沿った王道「草廬対」

「草廬対」は、よく「天下三分の計」と言われるが、三分は手段であって目的ではない。曹操は強く、単独では当たらないので孫権と結び、とりあえず天下三分の形を作る。しかし、荊州と益州からそれぞれ洛陽と長安を攻め取り、曹操を滅ぼす。その後には、言及していないが、孫権を滅ぼして漢による天下の統一を復興するのである。つまり、諸葛亮の草廬対は、漢による天下統一策なのである。

これは当時において、きわめて常識的な戦略であった。漢は、これまでに一度、王莽によって滅ぼされている。光武帝劉秀は、漢の復興を唱えてこれを前漢という。光武帝劉秀は、漢の復興を唱えて黄河の北に拠点をつくり、洛陽と長安を取り、蜀の公孫述を滅ぼし、天下を統一して漢を中興した。これが後漢である。それとは逆のルートになるが、華北を曹操が掌握し、長江下流域に孫権がいる以上、残った荊州と益州を拠点として、洛陽と長安を取ろうとするのは、他に選択肢が思い浮かばないほど、当たり前の戦略であった。それ以上に、草廬対は、後漢の国教である儒教が掲げる大原則、「聖漢」による「大一統」に忠実である。これを無視する魯肅の策が革新であるならば、草廬対は保守本流の王道であった。

草廬対はやがて破綻する。劉備が益州を取った後、関羽が曹操と孫権の挟み撃ちに遭い、荊州を失ったためである。益州から長安を攻めるためには、蜀の桟道を通らねばならず、困難が大きい。荊州から洛陽を攻める方が、はるかに容易である。荊州を失ったことは「草廬対」で示した基本方針が、そのままでは継続できなくなったことを意味する。

それでも諸葛亮は、政策継続のための努力を怠らなかった。荊州から攻めあがる役割を曹魏に降服していた蜀漢の元将軍である孟達に期待し、その失敗後は、北伐と同時に同盟国の孫呉が曹魏に攻め込むよう要請した。あくまでも、自らの基本方針を貫き通すのである。

第一〇回　群儒舌戦

曹操撃₂劉表₁。表卒。子琮挙₂荊州₁降₂操₁。劉備奔₂江陵₁、操追₂之₁。備走₂夏口₁、操進₂軍江陵₁、遂東下。亮謂₂備₁曰、請ヘ求₃救於孫将軍₁。亮見レ権説レ之、権大悦。操遺₂権書₁曰、今治₂水軍八十万衆₁、与₂将軍₁会₂猟於呉₁。権以示₂群下₁。莫レ不レ失レ色。張昭請₂迎之₁。魯粛以為₂不可₁、勧レ権召₂周瑜₁。瑜至曰、請フラクハテ得₃数万精兵、進往₂夏口₁、保為₂将軍₁破レ之。権抜レ刀斫₂前奏案₁曰、諸将吏敢言レ迎レ操者、与₂

江陵
今の湖北省江陵県。

夏口
今の湖北省武昌城の西。

治
兵を統率する。

会猟
共に狩をすること。真意は決戦を行おうとの意味。

迎
降伏すること。

保
保証の意味。うけあうこと。

奏案
臣下から奏上する文書を載せる机。

此の案同じかりき。遂に瑜を以て三万人を督せしめ、備と力を并はせて操を逆へ、進みて赤壁に操に遇ふ。

【書き下し】

曹操、劉表を撃つ。表卒す。子の琮、荊州を挙げて操に降る。劉備、江陵に奔り、操之を追ふ。備夏口に走り、操軍を江陵に進め、遂に東に下る。亮備に謂ひて曰く、「今水軍八十万の衆を治め、請ふらくは救を孫将軍に求めん」と。権以て郡下に示す。色を失はざるもの莫し。操権に書を遺りて曰く、「今水軍八十万の衆、将軍と呉に会猟せん」と。権刀を抜きて前の奏案を斫りて曰く、「諸将吏敢て操を迎ふと言ふ者は、此の案と同じからん」と。遂に瑜を以て三万人を督せしめ、備と力を并はせて操を逆へ、進みて赤壁に操に遇ふ。
張昭之を不可と為し、権に勧めて周瑜を召さしむ。瑜至りて曰く、「請ふらくは数万の精兵を得て、進みて夏口に往き、保して将軍の為に之を破らん」と。魯粛

【現代語訳】

曹操は劉表を攻撃した。（たまたま）劉表は亡くなった。子の琮は荊州全体で曹操に降服した。劉備は（新野で敗れ）江陵に逃れようとしたが、曹操はこれを追撃した。（長坂坡は敗れた）劉備は夏口へ逃れ、曹操は軍を江陵に進め、こうして東（方の呉）に攻め下ろうとした。諸葛亮は備に進言して、「どうか助けを孫将軍に求められますように」と言った。亮は（呉に使者となり）孫権に会見して同盟を説くと、権はたいへん喜んだ。曹操は孫権に書簡を送り、「いま水軍八十万の軍を率いて、将軍と呉の地で狩をいたしたい」と言った。権はそれを部下に見せた。顔色を失わない者はいなかった。張昭は曹操に降服することを請うた。魯粛はそれはできないとし、権に（水軍を訓練中の）周瑜を呼ぶよう勧めた。瑜はやってくると、「みなのなかであえて曹操に降服しようという者があれば、この机と同じになろう」と言った。権は（決心をして）刀を抜き前の机を断ち切って、誓って将軍のために曹操を破りましょう」と言った。こうして周瑜に三万人を統率させ、劉備と力を合わせて曹操を迎撃し、進軍し赤壁で遭遇戦をおこなった。

逆 むかえ撃つこと。

解説・鑑賞

● 諸葛亮の外交

本文で省略されている諸葛亮の外交を補っておこう。

長坂坡の戦いに敗走する中、諸葛亮は孫権に救援を求めることを劉備に提案、自ら使者となる。孫権が、柴桑で勝敗の行方をうかがっていたからである。張昭以下、孫呉では降服論が強かった。

使者として赴いた諸葛亮は、「降服するのであれば、臣下の礼を取るべきでしょう。うわべは服従を装いながら、様子見をしている今のやり方では、禍はすぐに至りましょう」と焚きつけた。諸葛亮は孫権の外交を批判する。

日和見は許されない、と。

これは助けを求めに来た使者の態度としては異例である。諸葛亮は、下手には出られなかった。たとえ孫権に救ってもらっても、部下として敗残の劉備集団が吸収されるのでは、何の意味もない。あくまでも対等に、諸葛亮の物言いには、そうした気張りを見ることができる。

● 情勢の分析

孫権はムッとした。「君の言う通りなら、なぜ劉備は降服しないのか」。諸葛亮は自分達の正統性を主張する。

「劉備は漢の後裔で、現代の英雄です。もし、事が成就しなければ、それは天命です。どうして降服などできましょう」と。孫権はさらに怒り決断を下す。「私は呉の土地と十万の軍を持ちながら、人に従うことはできない。だが、敗れたばかりで、この難局をどう乗り切るつもりだ」。諸葛亮は、ここで初めて孫権が知りたかった曹軍の疲弊している情勢を伝え、戦法を提案する。

そして、「曹操軍は敗北すれば、北方へ帰還します。そうなれば荊州（劉備）と孫呉（孫権）の勢力は強大になり、三者鼎立の状況が生まれます」と。

ここで注目すべきは、諸葛亮の情勢分析の中に、曹操を破った後の三国鼎立が折り込まれていることである。諸葛亮は、敗残の劉備集団を代表して孫権と盟約を結ぶ折に、曹操撤退後の荊州の領有権が劉備にあることを堂々と主張している。諸葛亮の外交能力の高さを理解することができよう。

鳳雛庵(赤壁)
蒋幹が龐統を尋ねた場所という。この前にある銀杏の木は、龐統が植えたものであるとされる。

拝風台(赤壁山)
もともとは周瑜廟であった。諸葛亮が東南の風を呼んだ場所とされている。

周瑜像
赤壁山の山頂には、巨大な周瑜像がそびえたっている。

第二回　赤壁の戦い

瑜部将黄蓋曰、操軍方連船艦、首尾相接、可焼而走也。乃取蒙衝・闘艦十艘、載燥荻枯柴、灌油其中、裏帷幔、上建旌旗、予備走舸、繋於其尾。先以書遣操、詐為欲降。時東南風急。蓋以十艘最著前、中江挙帆、余船以次倶進。操軍皆指言、蓋降。去二里余、同時発火。火烈風猛、船往如箭。焼尽北船、烟焔漲天。人馬溺焼、死者甚衆。瑜等率軽鋭、雷鼓大進。北軍大壊、操走還。後度、加兵於権、不得志。操

蒙衝・闘艦　蒙衝は艨艟に同じ。闘艦と同じく戦艦のこと。

裏　つつむ。

帷幔　引き幕。

走舸　軽快な小舟。

次　順番。

北船　曹操の船のことをさす。

雷鼓　太鼓を雷のように烈しく打ち鳴らすこと。

歎息曰、生レ子当レ如二孫仲謀一。向者ノ
劉景昇ガ児子、豚犬ト耳。

孫仲謀　仲謀は孫権の字。
劉景昇　景昇は劉表の字。

【書き下し】
　瑜の部将たる黄蓋曰く、「操の軍方に船艦を連ね、首尾相接すれば、焼きて走らす可し」と。乃ち蒙衝・闘艦十艘を取り、燥荻枯柴を載せ、油を其の中に注ぎ、帷慢に裹みて、上に旌旗を建て、予め走舸を備へて、其の尾に繋ぐ。先づ書を以て操に遣り、許りて降らんと欲すと為す。時に東南の風急なり。蓋十艘を以て最も前に著げ、中江に帆を挙げ、余船次を以て倶に進む。操の軍皆指さして言ふ、「蓋降る」と。去ること二里余、同時に火を発す。火烈しく風猛く、船の往くこと箭の如し。北船を焼き尽くし、烟焔天に漲る。人馬溺焼し、死する者甚だ衆し。瑜ら軽鋭を率ゐて、雷鼓して大いに進む。北軍大いに壊れ、操走り還る。後度々兵を権に加ふれども、志を得ず。操歎息して曰く、「子を生まば当に孫仲謀が如くなるべし。向者の劉景昇が児子は、豚犬のみ」と。

【現代語訳】
　周瑜の部将である黄蓋が進言して、「曹操の軍隊はちょうど船艦を連ねて、船首と船尾が接近しておりますから、焼き打ちで破ることができます」といった。そこで蒙衝と闘艦十艘に、枯れ草や枯れ柴を載せ、油をその中に注ぎ、幕で包んで（見えないようにし）、その上に旗を建て、あらかじめ走舸を用意し、蒙衝と闘艦の後尾に繋いだ。まず書面を曹操に送って、許って降参したいとした。そのとき東南の風が烈しかった。蓋は十艘を先頭に置き、長江の中ほどで帆を挙げ、のこりの船は順番にともに進んだ。曹操の軍ではみな東南の風に指をさし、「黄蓋が降服してきた」と言った。（操の軍からの）距離が二里余りで、（各艦は）同時に火を放った。火勢は烈しく風も強く、船は矢のように走った。北から来た（曹操の）船を焼き尽くし、煙や焔は天にみなぎった。人も馬も溺れ焼かれ、死者はたいへん多かった。周瑜たちは軽装の精兵を率い、太鼓を打ち鳴らして進撃した。（曹操の）北軍は大敗し、操は逃げ帰った。のちしばしば兵を孫権に差しむけたが、破ることはできなかった。操は歎息して、「子を生むなら孫権のようなものがいい。さきに（降伏した）劉表の子などは、豚や犬のようなものだ」と言った。

61　第11回　赤壁の戦い

解説・鑑賞

● 赤壁の戦い

曹操にとって天下分け目の戦いは官渡の戦いである。赤壁の戦いで大打撃を被った印象を受けるが、曹操は「赤壁では疫病が流行って死者が多くなったので兵を退いた」と敗戦後も言い続けた。むろん、負け惜しみであろうし、天下統一が赤壁の敗戦で頓挫したことは事実である。

敗因は、慣れない水戦と油断にあろう。

曹操、というよりも、それまでの中国史では、戦いは騎兵を切り札とする陸戦で決するものであった。長江流域の勢力が、黄河を支配した勢力を水戦で破ったことは、赤壁の戦いを始まりとする。華北を中心とした黄巾の乱、および折からの地球規模での気候変動による寒冷化は、長江中下流域の人口を増加させていた。長江中下流域を支配する孫呉、上流域を支配する蜀漢が、曹魏に対抗して三国鼎立を実現し得た理由である。諸葛亮と魯粛は、かかる中国史上の大きな変革期に適合した戦略として、目的と手段は異なれど「天下三分」の戦略を掲げるのである。

また、後に劉備が支配する益州からは、劉璋が曹操に恭順の意を示すために軍隊を派遣していた。荊州を支配していた劉表の水軍が曹操に降服しただけではなく、圧倒的に優勢な状況の中で、曹操に油断がなかったと言えば嘘になろう。

その証拠に、曹操は赤壁の戦いに火攻めで敗れている。火攻めは、自らが研究し、注釈を付けた『孫子』が深く警戒すべきとする戦法であった。

曹操は、領土を失うことは無かった。ただし、戦略の練り直しは、当然必要となっていく。

なお、ここで曹操が、子を生むなら孫権のような賢い子が欲しい、先に降服した劉表の子の劉琮などは豚や犬のようにつまらぬものだ、と言った故事から、わが子を卑下して「豚児」という言葉が生まれている。

赤壁

赤壁の三国志テーマパークで復原されている船

赤壁より出土した食糧庫の明器
（墓に埋葬する模型）

赤壁より出土した鏃(やじり)

赤壁より出土した弩
呉の呂岱の名が刻まれている

赤壁より出土した戈(か)

63　第11回　赤壁の戦い

第一二回　呉下の阿蒙

劉備徇荊州・江南諸郡。周瑜上疏
於権曰、備有梟雄之姿、而有関
羽・張飛、熊虎之将。聚此三人在
疆場、恐蛟龍得雲雨、終非池中
物也。宜徒備置呉。権不従。瑜方
議図北方、会病卒。魯粛代領其
兵。粛勧権以荊州借劉備。権従
之。権将呂蒙、初不学。権勧蒙読
書。魯粛後与蒙論議、大驚曰、卿
非復呉下阿蒙。蒙曰、士別三日、即
当刮目相待。

梟雄　梟は悪。姦雄の意。

疆場　二字とも国境のこと。

蛟龍　どちらもリュウのこと。角のないのを蛟といい、角のあるのを龍という。劉備のことをたとえている。

非池中物　天に昇ること。

呉下　呉のあたり。

阿蒙　蒙ちゃん。

刮目　刮はまなこをこすること。何か変ったことがあるかと注意して見ること。

【書き下し】

劉備　荊州・江南の諸郡を徇ふ。周瑜　権に上疏して曰く、「備は梟雄の姿有り。而して関羽・張飛、熊虎の将有り。此の三人を聚めて疆場に在らしむも、蛟龍　雲雨を得ば、終に池中の物に非ざるを恐る。宜しく備を徙して呉に置くべし」と。権　従はず。瑜、方に北方を図らんことを議すも、会々病みて卒す。魯肅　代りて其の兵を領す。肅、権に勧めて荊州を以て劉備に借さしむ。権の将たる呂蒙、初め学ばず。権、蒙に勧めて書を読ましむ。魯肅　後に蒙と論議し、大いに驚きて曰く、「卿は復た呉下の阿蒙に非ず」と。蒙曰く、「士別れて三日なれば、即ち当に刮目して相待つべし」と。

【現代語訳】

　（赤壁の戦いの後）劉備は荊州・江南の諸郡を従えた。周瑜は孫権に上疏して、「劉備は姦雄の素質がありますが、蛟竜が雲雨を得たならば、もはや池の中のものでなくなることを恐れます。どうか備を移して呉に置くことがよいでしょう」と言った。孫権は従わなかった。周瑜はちょうど北方（の曹操）を討とうと議論していたが、折あしく病に倒れて死去した。魯肅が周瑜に代わって呉の軍を率いた。魯肅は孫権に勧めて（劉備に）荊州を貸そうとした。孫権はこれに従った。孫権の将である呂蒙は、はじめ学ばなかった。孫権は蒙に勧めて書物を読ませた。魯肅はのち呂蒙と議論して、（その成長に）たいへん驚いて、「卿はもはや呉のあたりにいた蒙ちゃんではないね」と言った。呂蒙は、「士たるもの別れて三日たてば、刮目して相待するものです」と答えた。

試剣石

現在の鎮江の北固山には、『三国志演義』で劉備と孫権の会談場所とされる甘露寺の遺跡がある。そこには、二人がそれぞれの思いを込めて、石を斬ったという試剣石が残っている。

解説・鑑賞

● 周瑜の死去

赤壁で勝利をおさめた周瑜は、南郡の拠点江陵に曹操が残した曹仁と激しく戦った。周瑜の先鋒隊に包囲された部下の牛金を曹仁自らが救いだすと、逆に曹仁に包囲された甘寧を今度は周瑜自らが救援した。戦いは決着がつかず一進一退のまま一年余り続いた。ある時、流れ矢があたり、周瑜は重傷を負った。それを機に、これまで周瑜の猛攻によく耐えていた曹仁が、軍を率いて押しよせた。それを聞いた周瑜は、けがをおして陣頭にたって兵士を鼓舞し、これを撃退した。

後漢の名門官僚家に生まれた周瑜の戦略は、伝統的な天下統一策であった。周瑜自らが益州に進出する一方で、涼州に力を持つ馬超と結んで長安に攻め上がり、曹操を挟撃する策である。その第一歩として益州侵攻を準備している最中、周瑜は後事を魯肅に委ねて病没した。三十六歳であった。

孫権にとり周瑜はかけがえのない臣下であった。陸康氏が、江東を支配するためには、揚州名士周瑜の存在は大きな意味を持った。君主の孫権を家臣ほど尊重しない中で、周瑜だけが率先して敬意を払ったため、孫呉では君臣間の上下関係がやっと確立したといえる。周瑜の影響力と地位は高く、あえて言えば、家臣としての周瑜が孫氏を支えていたとも言える。孫権の損失は計り知れないほど大きかった。

● 魯肅の天下三分の計

魯肅は、徐州臨淮郡の豪族である。周瑜に、軍資の援助をすることで、評価を受けて名士となった。郷里が戦乱に巻き込まれると、周瑜を頼って江東へ赴き、一時孫策に出仕したが、重く用いられることはなく、祖母の帰葬のため郷里に戻った。

これを見た周瑜は、魯肅を引き止め、後を嗣いだばかりの孫権に魯肅を重用することを強く勧めた。孫権は魯肅に今後の方針を尋ねる。魯肅は今後、孫権が取るべき戦略として「天下三分の計」を献策する。

曹操は強く、漢は復興できないので、将軍（孫権）

は江東を拠点に天下に鼎足する（三本足で立つ、つまり天下を三分してその一方を孫権が支配する）状況を作り出し、皇帝を名乗ってから、天下の変を待つべきです《『三国志』魯粛伝）。

このとき孫権は、張紘がまとめた「漢室匡輔（漢室を補佐する）」を方針として掲げていた。その方針と異なる、というよりは、「大一統（一統を大ぶ、天下は統一すべきである）」と「聖漢（孔子がその成立を予言した聖なる国家である漢）の復興」を否定する点で、後漢の国教であった儒教を逸脱する魯粛を嫌い、伝統的な名士張昭は、革新的な意見を持つ魯粛を重用しないよう孫権に進言する。しかし、孫権は魯粛を高く評価した。

のちに孫権が即位した際、「かつて魯粛は、わたしがこうなることを予言してくれた」と魯粛を追憶している。周瑜でさえ口にしなかった孫権の即位を、最初に言い出した者が、魯粛であったことを孫権は感謝しているのである。

諸葛亮の「草廬対（いわゆる天下三分の計）」よりも現実的な部分は、漢の復興に拘らない所にある。黄巾の乱を見て、漢の復興が難しいと考えていた名士は多かった。しかし、四百年以上も続き、儒教も「聖漢」と正統化する漢の復興を無理であると断言し、それを前提に基本方針を立てることは常識的にはあり得ない。もちろん黄巾のように、袁術が漢に代わって即位する理由で、自らの家系が漢の「四世公輔」であることを掲げる、という矛盾を見れば、儒教を学んだ知識人たちが漢の軛を脱することの難しさを理解できよう。

また、天下を三分するために、第三極として劉備を育成しようとする戦略も独創的である。魯粛は三分を目的として第三極を創り出す努力を惜しまない。ヨーロッパに匹敵するほどの国土と人口を持つ中国の統一を保つことは難しい。それでも、諸葛亮の「草廬対」は、曹操打倒後に、孫呉と事を構えることを予定している。魯粛の戦略の方が、「天下三分の計」と呼ぶのに相応しい。

魯粛の斬新さが分かるであろう。

第一三回　荊州争奪

劉備初メテ龐統ヲ用ヒテ、耒陽令ト為スモ、治メず。魯肅書ヲ遺リテ備ニ曰ク、士元ハ百里ノ才ニ非ズ。使メテ治中・別駕ト為ラバ、乃チ其ノ驥足ヲ展ブルヲ得ン。備之ヲ用ヒ、勸ムルヲ取ラシム益州ヲ。備留メテ關羽ヲ守ラシメ荊州ヲ、引キテ兵泝流、自リ巴入ル蜀ニ、襲ヒテ劉璋ヲ、入ル成都ニ。備既ニ得タリ益州ヲ。孫權人ヲシテ従リ備ニ求メ荊州ヲ。備肯ゼず還ス、遂ニ爭フ之ヲ。已ニシテ分ツ荊州ヲ。備自リ蜀取リ漢中ヲ、自ラ立チテ為ル漢中王ト。漢中ノ將關羽、自リ江陵ヲ出デテ攻メ樊城ヲ取リ襄陽ヲ。自リ許以南、往往ニ應ズ羽ニ。威華夏ニ震フ。曹操至ルニ議下徒スルニ許ノ

百里才　百里は県令。県令にしておくような才ではないこと。

治中・別駕　治中は州の長官の下に置かれる属吏の筆頭。別駕従事は巡視の際、州の長官とは別の車に載り巡視を先導する。

展其驥足　「驥足を展ばす」とは、俊馬が十分に足を展ばして馳る意で、俊才が実力を十分に発揮することをいう。

往往　ともすれば。おりおり。

華夏　中国のこと。ここでは中原をさす。

都を以て其の鋒を避けんと。司馬懿曰く、備・権外は親なれど内は疎なり。関羽志を得るは、権必ず願はざるなり。人をして権に勧め羽を躡ましむ可し。操之に従ふ。時に魯粛已に死し、呂蒙之に代はる。亦た権に勧めて其の後を図る。遂に荊州を定む。

権軍羽を獲て之を斬る。

樊、権将陸遜、又羽後を襲ふ。羽狼狽して走り還る。権の軍羽を獲て之を斬る。

呂蒙代之。亦勧権図羽。操師救樊、権将陸遜、又襲羽後。羽狼狽走還。権軍獲羽斬之。遂定荊州。

可遣人勧権躡其後。操従之。時魯粛已死、南以封権。

親内疎。関羽得志、権必不願也。

都以避其鋒。司馬懿曰、備・権外

【書き下し】

劉備、初め龐統を用ひて、未だ其の驥足を展ぶるを得るのみ」と。治中・別駕為らしめば、乃ち其の驥足を展ぶるを得るのみ」と。治まらず。魯粛備に書を遣りて曰く、「士元は百里の才に非ず。治中・別駕為らしめば、乃ち其の驥足を展ぶるを得るのみ」と。備、之を用ふ。益州を取るを勧む。備、関羽を留め荊州を守らしめ、兵を引ゐて流を泝り、巴より蜀に入り、劉璋を襲ひて、成都に入る。孫権、人をして備より荊州を求めしむ。備還すを肯ぜず、遂に之を争ふ。已にして荊州を分つ。備、蜀より漢中を取り、自立して漢中王と為る。漢中より以南、往往遙かに羽に応ず。威華夏に震ふ。曹操許の都を徒して以て其の鋒を避けんと議するに至る。司馬懿曰く、「備・権外は親なれど内は疎なり。関羽志を得るは、権必ず願はざるなり。人をして権に勧め其の後を躡ましむ可し」と。操之に従ふ。時に魯粛已に死し、呂蒙之に代はる。亦た権に勧めて其の後を図る。遂に荊州を図む。操の師樊を救ひ、権の将たる陸遜、又羽が後を襲ふ。羽狼狽して走り還る。権の軍羽を獲て之を斬る。

躡　後を追うこと。

【現代語訳】

劉備は初め龐統を用いて、耒陽（県）令としたが、治まらなかった。魯粛は劉備に書簡を送り、「士元（龐統の字）は方百里（の県）を治める）才ではありません。治中従事・別駕従事とすれば、ようやくその優れた才能を発揮することができましょう」と言った。劉備は（その言に従って）龐統を用いた。（龐統は）益州を取るよう勧めた。劉備は関羽を留め荊州を守らせ、（自ら）兵を率いて長江をさかのぼり、巴郡から蜀郡に入り、劉璋を襲って、成都に入った。劉備はこうして益州を得た。孫権は使者を派遣して劉備より荊州（諸郡の返還）を求めた。備は返すことを承知せず、こうして荊州（の領有）を争った。やがて（曹操の漢中郡侵入により劉備と孫権は和睦し）荊州を二分した。劉備は蜀郡から漢中郡を取り、（曹操が魏王に就いたことに対抗し）自立して漢中王となった。漢中王の将軍である関羽は、江陵より出て、樊城を攻めて襄陽郡を取ろうとした。許（曹操の都）から南は、ともすれば遥かに関羽に味方するものがあった。（こうして関羽の）威勢は中原に響き渡った。曹操は許の都を移してその鋒先を避けようと議論するほど（関羽に脅威を感じる）に至った。（曹操配下の）司馬懿は、「劉備と孫権はうわべは親しそうですが内心は離れております。（そのために）使者を派遣し孫権に勧めて関羽の背後を襲わせることは、孫権は必ず願いません。江南の地方を割き与え孫権を封建することを約束なさるべきです」と言った。曹操はこれに従った。このとき魯粛はすでに死んでおり、呂蒙がこれに代わって（軍事を統率して）いた。（呂蒙も）また孫権に勧めて羽をわなにかけた。曹操の軍は樊城を救い、孫権の将軍である陸遜は、また孫権に勧めて関羽の背後を襲った。関羽は狼狽して逃げ帰った。孫権の軍は関羽を捕らえてこれを斬った。こうして荊州を平定した。

洛陽関帝廟
関羽は死後、出身地の山西商人たちにより、財神である関帝として祭られた。

解説・鑑賞

● 単刀会

劉備が益州を領有すると、孫権は貸していた長沙・零陵（れいりょう）・桂陽（けいよう）の三郡の返還を要求する。魯粛は、単独で関羽と会見し、荊州の領有権を主張する関羽を論破した。ちなみにこの交渉は、『三国志演義』では、関羽が魯粛を圧倒する「単刀会（たんとうかい）」という見せ場となる。

しかし、史実では、会見ののち劉備が湘水以東の荊州を孫呉に返還して問題を解決させている。孫呉のなかで渦巻く反対論を押しきり、荊州を貸してくれたものが魯粛であったことを、当事者の劉備や関羽はよく理解していた。荊州を命に代えて守ろうとした関羽ですら、理路整然と荊州の返還を要求する魯粛の主張を、否定することはできなかったのである。

じつは関羽にとって、魯粛はありがたい存在であった。孫呉のなかでは天下三分のため、劉備を必要と考える例外的な親劉備派であったためである。その魯粛に認められたものが呂蒙である。

呂蒙は遠慮会釈なく荊州の奪回をもくろんだ。そこで活躍したものが陸遜である。陸遜は、呂蒙に代わって荊州の責任者となると、へりくだった態度で関羽を油断させ、関羽が北上して曹魏の曹仁（そうじん）と戦っている隙をついて、荊州を占領した。挟み撃ちに驚いた関羽が、麦城に逃げ込むと、潘璋が関羽を追い詰めて降服させた。

その時、魯粛はすでに病気で亡くなっていて、蜀漢は最も重要な親劉備派を失っていたのである。

洛陽関林の首塚
洛陽には関羽の首のない遺体が埋葬された関林がある。

第一四回　漢の滅亡

初メ曹操自リ兗州牧入リテ為ル丞相ト。領シ冀州牧ヲ封ゼラル魏公ニ。作リ銅雀台於鄴ニ。已ニシテ而進メテ爵為リ王ト、用ヒ天子車服ヲ、出入ニ警蹕ス。以テノ子丕ヲ為ス王太子ト。操卒、丕立ツ。自ラ為ル丞相・冀州牧・魏王ト。丕遂ニ迫リ帝ヲ禅メラシ位、以テ帝為ス山陽公ト。帝在位スル者三十一年。自リ初平・興平・建安元年至ルマデハ二十五年、則チ皆曹操ノ秉シシ政時也。共ニ三十一年。○禅位シテ又十四年ニシテ而卒ス。漢自リ高祖元年為リト、五年為リシト王、至リテ是ニ二十四世、四百二十六年ナリ。○

魏公　曹操が魏公になることに反対して荀彧は憂死した。

銅雀台　曹操が鄴城の中に築いた台。屋上に銅製の雀を飾ったという。

鄴　魏王としての曹操が都した所。曹操の墓は鄴の郊外につくられた。

警蹕　天子行幸の時、道を警護して通行止めすること。出るには警、入るには蹕という。

禅　皇帝の位を譲ること。献帝は禅譲後、山陽公とされた。

【書き下し】

 初め曹操、兗州牧より入りて丞相と為る。爵を進めて王と為し、天子の車服を用ひ、出入に警蹕す。子の丕、遂に帝に迫り位を禅らしめ、帝を以て山陽公と為す。帝位に在り改元する者三、初平・興平・建安と曰ふ。元年より二十五年に至るまでは、則ち皆曹操の政を為しし時なり。位を禅りて又十四年にして卒す。漢、高祖元年に王と為り、五年に帝と為りしより、是に至りて二十四世、四百二十六年なり。

【現代語訳】

 これよりさき曹操は兗州牧から（都に）入って丞相となった。冀州牧を兼任し、魏公に封建された。銅雀台を鄴に造った。やがて爵位を進めて魏王となり、天子と同じ車馬衣服を用い、出入に警蹕をもうけた。子の曹丕を王太子とした。曹操が死去し、丕が（魏王として）立った。自ら丞相・冀州牧となった。魏の群臣は、「魏は漢に代わるべきである」と申し上げた。曹丕はこうして帝（献帝）に迫り皇帝の地位を禅らせ、帝を山陽公とした。献帝は在位中に改元すること三回、初平・興平・建安という。（建安）元年から二十五年に至るまでは、みな曹操が政治を行った時である。（位に在ること）合計三十一年間であった。（皇帝の）位を譲ってから十四年で亡くなった。漢の時代は、（劉邦が）高祖元年に王となり、五年に皇帝となってから、ここに至るまで二十四世、四百二十六年間であった。

許昌の献帝廟
曹丕の即位を勧進する「魏公卿上尊号奏碑」と受禅を記念する「受禅表」碑が残されている。

解説・鑑賞

漢魏の禅譲をかわきりに、魏晋南北朝から北宋までの約七百年間、中国の王朝交代は、ほとんど禅譲によって行われた。漢魏以前には、前漢を奪った王莽が禅譲で帝位についたが、曹操以前には、前漢を奪った王莽が禅譲で帝位についたが、曹操以前には、前漢を奪った王莽が禅譲で帝位についたが、後世の模範となったのは、曹操の禅譲のお手本となる。これを「魏武（曹公）輔漢の故事」といお手本となる。これを「魏武（曹公）輔漢の故事」という。曹操は、禅譲の手順をマニュアル化して後世に示したのである。

建安二十五（二二〇）年十月、後漢の献帝に退位を迫って禅譲させた曹丕は、魏を建国、黄初と改元した。曹魏の成立を認めない劉備は、翌、章武元（二二一）年、成都で即位して漢王朝の継承を宣言している。孫権が帝位につくのは少し遅れて黄龍元（二二九）年のことである。

● 曹操墓

二〇〇八年十二月より河南省文物考古研究所が発掘した西高穴二号墓は、現在、曹操の墓ではないかと言われている。発見の場所は、申し分なかった。『三国志』巻一武帝紀に、

（建安二十三〈二一八〉年）六月、令して曰く、

● 漢魏の禅譲

建安二十一（二一六）年五月、漢中から帰還した曹操は、魏王の地位についた。七月、匈奴の南単于の呼廚泉が漢へあいさつに訪れたのだ。南匈奴は漢の属国である。その君主が献帝のもとではなく、曹操へあいさつに訪れたのだ。

漢が有名無実化していることは、周知の事実だったのである。夏侯惇は「世論と天命にしたがい、皇帝を称してはいかがでしょうか」と曹操に問う。曹操は「周の文王もまた、天子になるだけの声望と実力をもちながら、みずから殷を滅ぼすことをせず、子の武王にあとをまかせた。わたしに天命があるというなら、わたしは周の文王になろう」とこたえている。この考え方は、曹操がみずから作詩した楽府である「短歌行」の中にも吐露される。

周西伯昌、懐此聖徳
三分天下、而有其二

周の西伯昌んにして、此の聖徳に懐く
天下を三分して、而も其の二を有つ

「古の葬むる者は、必ず瘠薄の地に居る。其れ西門豹の祠の西原上に寿陵を為り、高きに因りて基を為し、封ぜず樹せず。周礼に、家人公墓の地を掌り、凡そ諸侯は左右の以前に居り、卿・大夫は後に居ると。漢制も亦た之を陪陵と謂ふ。其れ公卿・大臣・列将の功有る者は、宜しく寿陵に陪せしむべし。其れ広く兆域を為り、相容れるに足らしむべし」と。

とあるように、曹操は建安二十三（二一八）年六月より、自らの陵墓の造営を始めていた。生前に造る墓を「寿陵」と呼ぶ。その場所と指定された「西門豹の祠の西原上」が、鄴県の西にあることは唐代の地理書『元和郡県図志』にも記されている周知のことであった。西高穴二号墓は、まさしくそのあたりから発見された。

東側の最大幅二二m、東西の長さ一八m、墓葬全体の総面積は約七四〇㎡という西高穴二号墓の規模は、後漢末の王墓として申し分のない大きさである。

ただし、西高穴二号墓が曹操墓と確定されるためには、一号墓の本格的な発掘や、曹操が構想していた「陪陵」の発見が必要となる。現在、一つの「陪陵」が発見され

● **本書の曹操描写**

『十八史略』は、『三国志』本紀一武帝紀が、「王洛陽に崩ず」と表記する曹操の死去を「操卒す」と表記する。皇帝が死去した際に用いる「崩」を用いる『三国志』に対して、曹操に正統性を認めない『十八史略』の「春秋の筆法」をここに見ることができる。

曹操高陵
西高穴村から発見された二号墓が、曹操の墓であろうとされている。

第一五回　季漢の建国

昭烈皇帝諱備、字玄徳、漢景帝ノ子中山靖王勝之後ナリ。有リ二大志一、少クニ言語一、喜怒不レ形ハサニ於色ニ。身長七尺五寸、垂レ手下ルレバ膝ヨリ、顧ミレバ自見ルル其耳ヲ一。

蜀中伝言、曹丕篡立シ、帝已ニ遇ヘリト害ニ。於レ是漢中王、発シ喪制ヲ服シテ、諡曰二孝愍皇帝一。夏四月、即キ帝位於武担之南ニ、大赦、改二元章武一。以二諸葛亮一為二丞相一、許靖為二司徒一。立二宗廟一、祫祭高皇帝以下ヲ一。立二夫人呉氏ヲ為二皇后、子禅ヲ為二皇太子一。

魏主丕、姓曹氏、沛国譙ノ人也。父ノ操

篡立　臣下が君主の位を奪って代わりに立つこと。
喪　死者のため、衣服をはじめ生活全般を簡素にしてすごすこと。
武担　成都の西北にある山の名。
祫祭　先祖の廟に合わせ祭ること。合祭。

為‖魏王丕嗣レ位。首立‖九品官人
之法‖。州郡皆置‖九品中正‖、区‖別人
物‖、第‖其高下‖。丕既簒レ漢、自立為レ
帝、追‖尊操為‖太祖武皇帝‖、改レ元
黄初一。

【書き下し】
昭烈皇帝諱は備、字は玄徳、漢の景帝の子たる中山靖王勝の後なり。大志有り、言語少く、喜怒形はさず。身の長七尺五寸、手を垂るれば膝より下り、顧みれば自ら其の耳を見る。
曹丕簒立し、帝已に害に遇へり」と。是に於て漢中王、喪を発し服を制し、諡して孝愍皇帝と曰ふ。諸葛亮を以て丞相と為し、許靖を司徒と為す。宗廟を立て、高皇帝より以下を祫祭す。夫人の呉氏を立て皇后と為し、子の禅を皇太子と為す。
魏主の丕、姓は曹氏、沛国譙の人なり。父の操魏王と為り、丕位を嗣ぐ。首として九品もて人を官にするの法を立つ。州郡皆九品の中正を置き、人物を区別して、其の高下を第でしむ。丕、既に漢を簒ひ、自立して帝と為り、操を追尊して太祖武皇帝と為し、元を黄初と改む。

中正　官名。九品の官を銓衡することを掌る官。

追尊　死後に尊号を奉ること。

【現代語訳】　昭烈皇帝は諱を備え、字を玄徳といい、前漢の景帝の子である中山靖王劉勝の後裔である。大志を抱き、口数は少なく、喜怒を表さなかった。身長は七尺五寸（約一七二cm）、手を垂れると膝の下まで届き、振り返ると自分の耳を見ることができた。
（曹魏が建国されると）蜀では、「曹丕が（漢を）簒奪して即位し、皇帝はすでに殺害された」と伝えられた。そのため漢中王（の劉備）は、（皇帝の）喪を布告し喪服をつけ、孝愍皇帝と諡した。夏四月、皇帝の位に武担の南で即き、大赦令を発し、

元号を章武と改めた。諸葛亮を丞相とし、許靖を司徒とした。宗廟を立て、高皇帝（劉邦）以降の皇帝を合祭した。夫人の呉氏を立てて皇后とし、子の劉禅を皇太子とした。

魏主の丕は、姓を曹といい、沛国譙県の人である。父の操が魏王となり、丕はその位を嗣いだ。州と郡にそれぞれ九品（中正制度のため）の中正官を置き、人物（の優劣）を区別し、その高低を順序づけする法を定めた。丕はやがて漢を簒奪し、自立して皇帝となり、曹操を追尊して太祖武皇帝とし、元号を黄初と改めた。

```
         漢の秩石制        魏の九品官制（官品）
                           ─一品 ── 上公
三公・大将軍─ 万石  ─二品 ── 三公・大将軍
           中                              ─二品まで出世可能
九卿    ── 2000石 ─三品 ── 九卿
           2000石  ─四品 ── 州領刺史                    郷品
州牧・郡太守      ─五品 ── 郡太守                      二品
           1000石
           司馬    ─六品                              六品起家
           600石
           県令    ─七品
           400石
           少府黄門・署長など ─八品
           300石 郎中・小県長
           200石  ─九品                              九品
                    九品まで出世可能
                                                    流外官起家
```

```
┌─────────────────────────────┐
│中正官が仕官希望者に郷品（郷里の名声に│
│応じて決まる等級）を与える           │
└─────────────────────────────┘
              ↓仕官
    ┌──────────────────┐
    │初仕官は郷品より四品下がる│
    └──────────────────┘
              ↓出世
        ┌──────────────┐
        │最終的に郷品の官位に│
        └──────────────┘
```

九品中正制度

九品中正制度は、魏の陳羣の献策で定められた官僚登用制度である。後漢の郷挙里選と異なり、与えられた郷品により、出世できる官品が定まるところに特徴がある。

解説・鑑賞

● 即位を天に告げる

　陳寿の『三国志』は、表面的には曹魏を正統としているが、詳細に読んでいくと、蜀漢の正統を潜ませている部分に気がつく。

　皇帝から天子への二段階即位を行っていた漢と魏の君主にとって、国家が交替した時にもっとも重要となる儀礼は、天子として「告代祭天文」により国家の交替を天に告げることにあった。

　曹丕は、漢の献帝の禅譲の冊文を掲げたあとで、「庚午、王、壇に升りて阼に即き、百官 陪位す」(『三国志』巻二 文帝紀)と記されるだけである。裴注には、長々と引用される数次にわたる勧進文(即位を勧める文)も、告代祭天文も、いまも許昌に残る即位を記念した碑にも、まったく触れることはない。あくまでも漢の献帝の禅譲の冊文の結果としての即位を記すだけなのである。陳寿が曹丕の即位を歓迎していないことが分かろう。

　『十八史略』は、さらにそれを貶め、曹丕を「魏主」と表現し、漢の禅譲を受けたことを「簒」の一字により貶めている。

　これに対して、陳寿の『三国志』は、劉備の即位について、蜀学の学者が総力を挙げて著した識文(予言書)にあふれる勧進文二種を掲げ、「皇帝の位に成都の武担の南に即く」と皇帝位に就いたことを場所とともに明記する。『十八史略』はこれに踏襲する。

　また、『三国志』には、「惟れ建安二十六年四月丙午、皇帝たる備 敢て玄牡を用ひ、皇天上帝・后土神祇に昭告す」から始まる「告代祭天文」をすべて掲載している(『三国志』巻三十二 先主伝)。すなわち、劉備こそが漢の正統を継いで即位した資格がある天に告げる資料があると、陳寿は主張しているのである。

　『十八史略』は、長大な「告代祭天文」を載せる代わりに、宗廟を立てて、高祖劉邦以下の漢皇帝を祭祀したことを伝える。劉備の建国した季漢(季は末っ子の意)が、前漢・後漢を継承するものであることを明確に記しているのである。

第一六回　夷陵の戦い

帝恥二関羽之没一、自将伐二孫権一。権
求レ和不レ許。権遣レ使於二魏一。魏封レ権
為二呉王一。魏主問二呉使趙咨一曰、呉
王頗知レ学乎。咨曰、呉王任レ賢使
レ能、志存二経略一。雖レ有二余閑一博覧中書
史上、不レ効二書生尋二章摘一句。魏主曰、
呉難レ魏乎。咨曰、帯甲百万、江・漢
為レ池。何レ難レ之有。曰、呉如二大夫一
者幾人。咨曰、聡明特達者、八九十
人。如レ臣之比一、車載斗量、不レ可レ勝
数一。
帝自二巫峡一至二夷陵一、立二数十屯一、与二

顔　たいへん。

経略　国家の経営と戦略。

帯甲　武装した兵士。

巫峡　四川省の北部にあって、長江の両岸が相迫って急流とたっている名所。

夷陵　湖北省の地名。

呉軍相拒ぐコト累月。呉将陸遜、連リニ破ル
其四十余営ヲ。帝夜ニ遁ル。
魏主責ムルモ呉侍子ヲ、不レ至ラ。怒リテ伐レ之ヲ。呉
王改メ元ヲ黄武ト、臨ミテ江ニ拒守ス。

連　しきりに。

侍子　盟約の保証に質として入れる子供。人質。

【書き下し】　帝　関羽の没せしを恥ぢ、自ら将として孫権を伐つ。権　和を求むれども許さず。権　使を魏に遣はす。魏主　呉の使たる趙咨に問ひて曰く、「呉王　頗る学を知れるか」と。咨曰く、「呉王賢に任じ能を使ひ、志は経略に存す。余閑有れば博く書史を覧ると雖も、書生の章を尋ね句を摘むに效はず」と。魏主曰く、「聡明特達の者、八九十人あり。臣の比の如きは、車に載せ斗もて量るとも、勝げて数ふ可からず。」曰く、「呉に大夫の如き者幾人か」と。咨曰く、「呉は魏を難るか」と。咨曰く、「帯甲百万、江・漢を池と為す。何の難ることか之有らん」と。曰く、「呉に大夫の如き者幾人か」と。咨曰く、「聡明特達の者、八九十人あり。臣の比の如きは、車に載せ斗もて量るとも、勝げて数ふ可からず。」帝　巫峡より夷陵に至るまで、数十屯を立て、呉の軍と相拒ぐこと累月。呉の将たる陸遜、連りに其の四十余営を破る。帝　夜に遁る。

魏主　呉の侍子を責むるも、至らず。怒りて之を伐つ。呉王　元を黄武と改め、江に臨みて拒守す。

【現代語訳】　昭烈皇帝（劉備）は関羽が（曹操と孫権の挟撃により）陣没したことを恥じ、自ら将となって孫権を征伐した。孫権は和睦を求めたが（劉備は）許さなかった。孫権は使者を曹魏に派遣した。魏主（曹丕）は呉の使者である趙咨を認容し有能な者を用いて、志は天下の統一にあります。暇があれば博く書物を読んでおられますが、書生が章句（解釈）に拘るような読み方はいたしません」と答えた。趙咨は、「（呉は）甲冑をつけた兵士が百万、長江・漢水を池としております。魏主は、「呉は魏を恐れはばかるか」と尋ねた。趙咨は、「呉に大夫のような者は何人おられるのか」と尋ねた。趙咨は、どうして恐れはばかることがありましょう」と答えた。

81　第16回　夷陵の戦い

「聡明で特に優れた者が、八九十人おります。臣（わたし）のようなものは、車に載せて斗（ます）で量っても、数えきれないほどおります」と答えた。

昭烈皇帝は巫峡から夷陵にまで、数十の陣営を築き、呉の軍と攻防すること数ヶ月に及んだ。呉の将である陸遜は、続けざまにその陣営四十余りを焼き討ちした。昭烈皇帝は夜にまぎれて逃げた。

魏主（曹丕）は呉（が約束の子を）人質として出すよう責めたが、（呉はすでに劉備を破ったので）応じなかった。（魏主は）怒って呉を討伐した。呉王は（自立して）元号を黄武と改め、長江で（魏の攻撃を）防ぎ（呉を）守った。

夷陵の戦い

夷陵の戦い

劉備が流れを下って攻め込んだことに対し、陸遜は守りを固めて戦わなかった。劉備が長い陣営を築き、志気が衰えたところで、陸遜は火攻めにより、劉備を破った。

解説・鑑賞

● 劉備の東征

孫呉の裏切りにより、関羽を殺害された劉備は、激昂していた。曹丕が魏を建国したことに対抗して、季漢を建国したばかりであるにもかかわらず、関羽の仇討ちのために孫呉と戦うことを決定した。劉備と情を同じくする張飛は、弔い合戦に備えて準備に戻った際に、部下に裏切られて寝首を搔かれてしまう。張飛の仇も呉に逃走した。劉備の感情は昂るばかりである。

これに対して、趙雲は呉への東征に堂々と反対した。「関羽の仇討ちという私怨のために、漢を滅ぼした国家の宿敵曹魏を後回しにして孫呉を討つのは間違っている」と。

一国の皇帝たる者が臣下の戦死を理由に、自ら軍を率いて、宿敵曹魏ではなく孫呉へ攻め込む誤りを、諸葛亮は百も承知していたはずである。しかし、諸葛亮は東征を止めなかった。「義弟」のため仇討ちは、劉備の生きざまのすべてだったからである。

劉備は、曹操や孫権のように自分の手足となって各方面で軍を指揮してくれる一族を持たなかった。劉備は、社会の最下層部の出身なのだ。その劉備が、一国の皇帝にまでなれたのは、臣下と「情」で結びついていたためである。集団の中核となり、劉備のために命をいつでも差し出そうとした関羽と張飛、その関羽が、裏切りものと孫呉のために、非業の死を遂げたのだ。寝食を共にした「義弟」関羽のために、自ら軍を率いて劉備は戦いに赴く。

この夷陵の戦いの敗戦後、劉備は帰らぬ人となった。止められなかったのだ。諸葛亮は、それを止めなかった。互いに命を差し出しあうような「情」に基づく信頼関係を貫くこと、それが劉備の「すべて」であったためであろう。

劉備像（成都武侯祠）
成都の武侯祠は現在諸葛亮を祭っているが、本来は劉備の陵墓である。

第一七回　遺孤を託す

三年夏四月、帝崩ズ。在位三年。改㆑元ムルヲ
者一ト、曰フ二章武ト一。諡シテ曰フ二昭烈皇帝ト一。太
子禅即キ㆑位ニ、封ジテ㆑亮ヲ為ス二武郷侯ト一。太
既ニ立チ、是ヲ為ス二後皇帝ト一。
後皇帝名ハ禅、字公嗣、昭烈皇帝ノ子也。
年一七ニシテ即㆑位ニ、改㆑元ヲ建興ト一。丞相ノ諸
葛亮受ケテ二遺詔一輔ク㆑政ヲ。昭烈臨ミテ㆑終リニ謂ヒテ㆑
亮ニ曰ク、君才十倍ス㆑曹丕ニ。必ズ能ク安ンジ二国家一、
終ニ定ム二大事ヲ一。嗣子可キ㆑輔クベ輔ケヨ㆑之ヲ。如シ二其
不㆑可ナラ、君可シ二自ラ取ル㆑之ヲ。亮涕泣シテ曰ク、臣敢テ
不㆑尽二ランヤ股肱之力ヲ一、効シ二忠貞之節ヲ一、継グニ
㆑之ニ以テス㆑死ヲ。亮乃チ約シ二官職ヲ一、修メ二法制ヲ一、下

敢不　反語。敢テ……セザランヤと読む。「不敢」は否定を表し、敢テ……セズと読む。
股肱之力　「股」はもも、「胘」はひじ。全身の力。臣下が全力をあげて君主に尽くすこと。
下教　命令を下すこと。当時諸侯の命令は教といった。
参署　「参」は相談すること。「署」は署名。諸官が協議してその決議に署名し、実行に移す制度。
難相違覆　「難」は憚ること。「違」は異見を述べること。「覆」はくり返し審議すること。

教曰、夫参署者、集二衆思一、広二忠益一也。若遠二小嫌一、難二相違覆一、曠レ闕損矣。亮乃遣二鄧芝一、使レ呉修レ好。芝見二呉王一曰、蜀有二重険之固一、呉有二三江之阻一。共為二唇歯一、進可レ兼二幷天下一、退可二鼎足而立一。呉遂絶レ魏、専与レ漢和。

曠闕 「曠」は空しい、「闕」は欠けるの意。職務をおろそかにすること。

重険之固 蜀の地には内に険しい剣閣があり、外に斜谷・駱谷・子牛谷があって、二重の要害となっている。

三江之阻 「三江」は呉淞江・銭塘江・浦陽江で、これらが自然の要害となっている。

唇歯 くちびると歯。それから転じて相互の利害関係が非常に密接なたとえ。

鼎足 「鼎」は三足。三つのものが互いに釣り合いを保って対立するのに用いる。

兼幷 合わせて一つにすること。

【書き下し】

三年夏四月、帝崩ず。在位三年。元を改むる者一、章武と曰ふ。諡して昭烈皇帝と曰ふ。太子の禅位に即き、亮を封じて武郷侯と為す。

後皇帝名は禅字は公嗣、昭烈皇帝の子なり。年一七にして位に即き、元を改む。丞相の諸葛亮遺詔を受けて政を輔く。

昭烈終りに臨ひて亮に謂ひて曰く、「君の才は曹丕に十倍す。必ず能く国家を安んじ、終には大事を定めん。嗣子輔く可くんば之を輔けよ。如し其れ不可ならば、君自ら取る可し」と。亮乃ち涕泣して曰く、「臣敢て股肱の力を尽くし、忠貞の節を効し、之に継ぐに死を以てせざらんや」と。又乃ち官職を約し、法制を修め、教を下して曰く、「夫れ参署なる者は、衆思を集め、忠益を広むるなり。若し小嫌を遠ざけ、相違覆することを難らば、曠闕して損あらん」と。亮乃ち鄧芝を遣はし、呉に使して好を修めしむ。芝呉王に見えて曰く、「蜀に重険の固有り、呉に三江の阻有り。共に唇歯を為さば、進みて天下を兼幷す可く、退きては鼎足して立つ可し」と。呉遂に魏と絶ち、専ら漢と和す。

【現代語訳】

章武三年夏四月、帝(劉備)が崩御した。在位三年。元号を改めること一回、章武という。諡して昭烈皇帝とする。皇太子の禅が(皇帝の)位に即き、諸葛亮を封建し武郷侯とした。太子がすでに立ち、これを後皇帝、名は禅、字は公嗣といい、昭烈皇帝の子である。十七歳で位に即き、元号を建興と改めた。丞相の諸葛亮は遺詔を受けて政治を輔佐した。昭烈皇帝は臨終のとき亮に、「君の才は曹丕にくらべて十倍もすぐれている。きっと国家を安泰にし、やがては(天下統一の)大事業を完成できよう。あとつぎ(の禅)がもし助けられる(才能がある)ならば、助けてやってもらいたい。もしないようならば、君自ら天下を取るがよい」といった。亮は涙を流して、「臣は股肱として全力を尽くし、忠貞の節義を守り、一命を投げ出してお仕えいたします」と申しあげた。亮はそこで官職の数を省き、法制を改め、(群臣に)訓示して、「およそ参署の官とは、多数の意見を集めて、忠言の利益を広めるためのものである。もし同僚間の些細な嫌疑を気がねし、異見を述べ反覆審議することを遠慮するならば、(天下の政務は)おろそかとなり、(ひいては国家の)損失となろう」と言った。亮はさらに鄧芝を呉に派遣し、好みを修めさせた。鄧芝は呉王に謁見して、「わが蜀は、要害にかこまれ、(蜀)漢と結んだ。

[系図: 季漢系図]

前漢
景帝 ── 中山靖王劉勝 ……… 劉雄 ── 弘 ── 備(先主) ── 禅(後主) ── 璿／瑤／琮／瓚／諶／恂(北地王)／璩
永 ── 理

解説・鑑賞

● 「忠」か「乱命」か

　劉備は夷陵の戦いで陸遜に敗れ、白帝城で死の床につくと、成都から諸葛亮を呼び、あとつぎの劉禅を託した。「劉禅に才能があれば輔佐して欲しい。もしなければ、君が代わって君主になってほしい」と。『三国志』諸葛亮伝は、この君臣の信頼関係を褒めたたえ、このちの諸葛亮の一生が劉禅を託された信頼に対する「忠」であったと強調する。

　しかし、当時の人々は、劉備に「忠」を尽くした臣下として関羽・張飛を挙げるだけである。明末の王夫之（王船山）は、劉羽の遺言を君主として出してはいけない「乱命」であるとし、「この遺言から、劉備が諸葛亮を関羽のように全面的には信頼していないことが分かる」と述べている。

　陳寿が強調する「忠」のベールを剝がしていくと、劉備と諸葛亮の間の緊張関係が見えてくる。劉備に嫌われている劉巴という名士をめぐり、両者はせめぎあいを見せている。劉巴の才能を評価する諸葛亮は、劉備の反対を押し切り、行政長官である尚書令に任命させた。尚書令は、かつて劉備が諸葛亮とそりの合わない法正を据えて、諸葛亮の勢力を牽制した官職であった。

　諸葛亮は、名士の抱負であった理想の国家を建設するため、君主と争ってでも政策を推進していく。その結果、劉備との間に緊張が生じても仕方がない。遺言は、こうした両者の関係の中で生じたせめぎあいの結果出された「乱命」と捉えるべきであろう。

白帝城
劉備が諸葛亮に劉禅を託した白帝城。

第一八回　七縦七禽

魏主以(テ)舟師(ヲ)擊(ツ)呉(ヲ)。呉列(ス)艦(ヲ)于江(ニ)。江水盛長(ス)。魏主臨望(シ)、歎(ジテ)曰、我雖(モ)有(リト)武夫千群(、)無(キ)所(ロ)施(ス)也。於是還(ス)師(ヲ)。

南夷畔(ク)漢。丞相亮往(キテ)平(グ)之(ヲ)。有(リ)孟獲者(ナル)、素(ヨリ)為(ス)夷・漢所(ノ)服(シ)。亮生(ケ)致(シ)獲(ヲ)、使(メ)観(セ)営陣(ヲ)、縦(チテ)使(ハ)更戦(ス)。七縦七禽(、)猶遣(シ)獲(ヲ)。獲不(シテ)去(ラ)曰、公天威也。南人不(ト)復反(セ)矣。

魏主又以(テ)舟師(ヲ)臨(ム)呉(ニ)。見(テ)波濤洶湧(スルヲ)歎(ジテ)曰、嗟乎、固(ニ)天所(ニ)以限(ル)南北(ヲ)也(ト)。

盛長　水があふれて勢いの盛んなこと。

千群　一千の団体。群は隊のような単位。

南夷　南方の異民族。南蛮ともいう。

天威　人智を超えた天により与えられた威力。

波濤洶湧　濤は大波。洶湧はわきたつさま。

魏主丕殂す。位にあること七年、改元する者一、
曰く黄初。諡して曰く文皇帝。子叡立つ、是れ
明帝為り。叡の母誅せらる。丕嘗て叡をして出でて
猟せしむ。子母の鹿を射る。既に其の母を射、使叡をして
其の子を射しむ。叡泣きて曰く、陛下已に其の母を殺せり。
臣忍びず其の子を殺すに。丕惻然として、及是を嗣と為
即位。

処士管寧、字は幼安。東漢の末より遼を避くること
地遼東三十七年。魏之を徴す。乃ち浮びて
海西に帰る。官を拝すれども受けず。

誅 罪があるものが殺されること。

惻然 あわれみいたむさま。

処士 官に仕えないで民間にいる人。中国では、この
ような民間の処士を高潔として、これを尊重する風
習があった。

【書き下し】 魏主 舟師を以て呉を撃つ。呉艦を江に列す。江水 盛長す。魏主 臨望し、歎じて曰く、「我 武夫 千群有
りと雖も、施す所無きなり」と。是に於て師を還す。
南夷 漢に畔く。丞相の亮 往きて之を平ぐ。孟獲なる者有り、素より夷・漢の服する所と為る。亮 獲を生致し、営陣を観せ
しめ、縦ちて更に戦はしむ。七縦七禽し、猶ほ獲を遣らんとす。獲 去らずして曰く、「公は天威なり。南人 復た反せず」と。
魏主 又 舟師を以て呉に臨む。波濤の洶湧するを見て歎じて曰く、「嗟乎、固に天の南北を限る所以なり」と。魏主の丕 殂す。
位を僭すること七年、改元する者一、黄初と曰ふ。諡して文皇帝と曰ふ。子の叡 立つ、是れ明帝為り。叡の母 誅せらる。丕

嘗て叡と出でて猟し、子母の鹿を見る。既に其の母を射、叡をして其の子を射せしむ。叡泣きて曰く、「陛下已に其の母を殺せり。臣其の子を殺すに忍びず」と。丕 惻然(そくぜん)たり。是に及んで嗣と為り位に即く。
臣其の子を殺すに忍びず」と。丕 惻然(そくぜん)たり。是に及んで嗣と為り位に即く。叡 之を徴(ちょう)す。乃ち海に浮びて西に帰る。官に拝すれども受けず。
処士の管寧(かんねい)、字は幼安。東漢の末より、地を遼東に避くること三十七年。魏 之を徴(ちょう)す。乃ち海に浮びて西に帰る。官に拝すれども受けず。

【現代語訳】 魏主(曹丕)は(孫呉と季漢の同盟締結に対し)水軍を率いて呉を攻めた。呉は軍艦を長江に並べた。(折しも)長江の水量はたいへん増していた。魏主は(長江に)臨んで見渡し、嘆息して「わたしに勇猛の兵士千隊がいても、(長江の増水には)施しようがない」と言った。こうして軍を引きあげた。
南蛮(雲南省に居住した異民族)が季漢に叛いた。丞相の諸葛亮は出兵してこれを平定した。(南蛮の中に)孟獲という者がおり、平素より蛮人・漢人より心服されていた。亮は孟獲を生け捕りにし、陣営を見せた後、釈放して改めて戦わせた。七たび釈放して七たび生け捕りにし、それでも孟獲を釈放しようとした。孟獲は立ち去らず、「公は天の威力を持っております。南人はもう叛きません」と言った。
曹丕はまた水軍を率いて呉に向かった。(しかし)長江の波浪が沸き立つさまを見て歎いて、「ああ、まことに天が南北を分けているのには理由がある」と言った。魏主の曹丕が死去した。帝位を僭称することは七年、元号を改めること二回、黄初という。子の曹叡が立った、これが明帝である。叡の母は(讒言により曹丕に)誅殺されていた。曹丕はあるとき叡と猟に出かけ、親子づれの鹿を見た。(曹丕は)すでに母鹿を射止めると、叡に子鹿を射るよう命じた。叡は(わが身に引き較べ)涙を流して、「陛下はすでに母鹿を殺されました。臣は子鹿を殺すに忍びません」と言った。曹丕は悲痛に思った。そうして(叡が)後嗣となり位についた。
処士の管寧は、字を幼安という。後漢末より、(乱世を)避け遼東の地にいること三十七年。魏がこれを徴召した。すると(管寧は)海を渡って西(方の魏)に帰って来た。官を授けられたが(固辞して)受けなかった。

90

解説・鑑賞

● 心を攻める

　章武三（二二三）年、劉備が崩御した混乱を利用し、益州郡の豪族である雍闓は、孫権と結んで蜀漢に反乱を起こした。夷陵の戦い以降の蜀漢と孫呉との対立関係を利用したのである。諸葛亮は、劉禅の即位直後であったため、しばらくこれを放置した。

　建興三（二二五）年、荊州名士の鄧芝を孫呉に派遣して、外交関係を修復した諸葛亮は、自ら軍を率いて南征を行った。当時、諸葛亮が最も評価していた部下に馬謖がいた。「白眉」（馬氏の五人兄弟の中で眉の白い馬良が最もすぐれていたため、同類の中ですぐれたものを白眉という）の故事で有名な兄の馬良を筆頭に「馬氏の五常」（馬氏の兄弟は、五人とも字に「常」の字がついていたので「五常」と呼ぶ）と讃えられた荊州襄陽の名士である。入蜀後、越嶲太守に任命され南蛮の状況に詳しかった馬謖は、諸葛亮に抜擢されて参軍（参謀）の地位にあった。

　出発に先立って馬謖は、諸葛亮に「敵の心を攻めることが上策であり、城を攻めることは下策である」と進言した。南征した諸葛亮は、連戦連勝し、雍闓は除かれたが、新たに孟獲が人望を集めて指導者となっていた。諸葛亮は、孟獲を生け捕りにし、放免することを繰り返し、孟獲が納得するまで「七たび放ちて七たび禽にした（七回釈放して七回捕虜とした）」という。

　心を攻める、つまり心服させることをめざしたのである。南征の終了後も諸葛亮は、現地の人々に統治をすべて任せて引きあげた。それを危惧する意見もあったが、南蛮は諸葛亮の死去するまで一度として背くことはなく、北伐に必要な武器・食糧・兵士などを提供し続けた。諸葛亮は、馬謖の進言どおり、南蛮の城ではなく、心を攻めることに成功したのである。

　なお、曹叡の言葉に曹丕が心を動かしたのは、曹丕が曹叡の母である甄皇后を殺していたためである。

第一九回　出師の表

漢ノ丞相亮、諸軍ヲ率ヰテ北ノカタ魏ヲ伐ツニ臨ミテ、上ニ疏ヲ発スル曰ク、今天下三分シテ、益州疲弊セリ。此レ危急存亡之秋也。宜シク聖聴ヲ開張シ、忠諫之路ヲ塞グ不宜。宮中・府中、俱ニ一体為リ。陟罰臧否、異同有ル不宜。若シ姦ヲ作シ科ヲ犯シ及ビ忠善ヲ為ス者有ラバ、宜シク有司ニ付シテ其ノ刑賞ヲ論ジ、以テ平明之治ヲ昭ニスルニ上親シミ、賢臣ニ遠ザクルハ、此レ先漢ノ興隆セシ所以也。小人ニ親シミ、賢臣ヲ遠ザクルハ、此レ後漢ノ傾頽セシ所以也。臣本布衣、南陽ニ躬耕シ、苟モ性命ヲ乱世ニ全ウシ、聞達ヲ諸侯ニ求メ不。先帝臣ガ卑鄙ナルヲ以テ不、猥ニ自ラ枉屈シテ、三タビ臣ヲ顧シ

危急存亡之秋　国家が亡びるか続くかの危うい瀬戸際。秋は、最も大切な時の意。

宮中府中　「宮中」は禁中、劉禅の近臣が多い。「府中」は丞相府。諸葛亮の部下となる。

陟罰臧否　陟は昇進。臧は善、否は悪。善を賞し、悪を罰すること。

科　蜀科のこと。諸葛亮が制定した法令。

先漢　前漢のこと。文帝・景帝の時に興隆した。

後漢　桓帝・霊帝の時に衰えた。

布衣　無位無官。

聞達　名聞栄達。

猥自枉屈　猥は卑下することば、枉屈はまげかがめること。尊貴の身分でありながら、自分を下におくこと。

臣を草廬の中に於いて、臣に諮るに当世の事を以てす。是に由りて感激し、遂に先帝に許すに駆馳を以てす。先帝の崩ずるに値り、寄するに大事を以てせり。命を受けて以来、夙夜憂懼し、付託の効あらざるを恐る。以て先帝の明を傷つけん。故に五月濾を渡り、深く不毛に入る。今南方已に定まり、兵甲已に足る。当に三軍を奨率して、北のかた中原を定むべし。庶はくは駑鈍を竭くし、姦凶を攘除し、漢室を興復して、旧都に還らんことを。此れ臣の先帝に報いて、陛下に忠なる所以の職分なり。遂に漢中に屯す。

【書き下し】　漢の丞相たる亮、諸軍を率ゐて北のかた魏を伐つ。発するに臨みて上疏して曰く、「今天下三分し、益州疲弊せり。此れ危急存亡の秋なり。宜しく聖聴を開張すべく、宜しく忠諫の路を塞ぐべからず。宮中・府中は、倶に一体為り。若し姦を作し科を犯し及び忠善なる者有らば、宜しく有司に付し、其の刑賞を論じて、以て平明の治を昭らかにすべし。賢臣に親しみ、小人を遠ざくるは、此れ先漢興隆せし所以たり。小人に親しみ、賢臣を遠ざくるは、此れ後漢傾頽せし所以なり。臣は本と布衣、躬ら南陽に耕し、苟しくも性命を乱世に全うし、聞達を諸侯に求めず。先帝臣が卑鄙なるを以てせず、猥りに自ら枉屈して、臣を草廬の中に三顧し、臣に諮ぬるに当世の事を以てせり。是に由りて感激し、先帝に許すに駆馳を以てす。先帝臣の謹慎なるを知り、崩ずるに臨みて、寄するに大事を以てせり。命を受けて

諮　上より下の者に相談すること。

付託不効　依頼の効果がないこと。頼み甲斐のない意。

先帝之明　明は人を見る鑑識眼。

五月渡濾　建興三年五月に亮は濾水を渡って南征し孟獲を下した。

不毛　草木の生じない地、転じて蛮地のこと。

旧都　前漢の都は長安、後漢の都は洛陽にあった。

より以来、夙夜憂懼し、付託の効あらずして、以て先帝の明を傷つくるを恐る。故に五月瀘を渡り、深く不毛に入る。今南方已に定まり、兵甲已に足る。当に三軍を奨率して、北のかた中原を定むべし。漢室を興復し、旧都に還さんことは、此れ臣が先帝に報いて陛下に忠なる所以の職分なり」と。遂に漢中に屯す。

【現代語訳】　漢の丞相である諸葛亮は、諸軍を率いて北に進んで魏を攻めた。出発するに際して上疏して、「いま天下は三分し、益州は疲弊しております。これは（季漢にとり）危急存亡のときといわねばなりません。どうか陛下にはお耳を広く開き、忠義を尽くして諫言する路を塞いではなりません。宮中と丞相府は、ともに一体であります。もし悪事をしたり蜀科を犯したり（逆に）忠義善良な者があれば、担当の役人に命じて、その刑罰恩賞を論じて、それにより（陛下の）公平正明な政治を明らかにしてください。小人に親しみ、賢臣を遠ざけたことが、前漢の興隆した理由です。小人に親しみ、賢臣を遠ざけたことが、後漢の傾きが衰えた理由です。臣はもと無位無冠で、自ら南陽で耕作し、どうにか乱世で命をつなげればよいと思い、名声や出世を諸侯に求めませんでした。（ところが）先帝（昭烈皇帝）は臣が卑しい田舎者であるにもかかわらず、わざわざ自分から膝をまげて、臣を草廬のなかに三度もお訪ねになりました。これより感激し、先帝のため奔走することを誓ったのです。先帝は臣の慎み深いことを知り、崩御に臨んで、国家の大事を託されました。遺命をお受けしてよりこのかた、朝早くから夜おそくまで憂い恐れ、託された効なく、先帝のおめがねを傷つけることを心配しております。そのため五月には瀘水を渡り、深く未開の地に入り（南征を行い）ました。いま南方はすでに治まり、兵士も武器も十分に整いました。（そこで）三軍を励まし率いて、北に進み（魏）を討伐して）中原を平定すべきであります。漢室を復興し、旧都（洛陽）に帰ることは、これこそ臣が先帝（のご恩）に報いて陛下に忠を尽くすための職務であります」と言った。こうして漢中に駐屯した。

解説・鑑賞

　鄧芝を呉に派遣して、外交関係を修復した諸葛亮は、建興三（二二五）年春、自ら軍を率いて南征し、秋には平定する。後顧の憂いを断った諸葛亮は、建興五（二二七）年、大軍を率いて漢中に進駐し、以後五次におよぶ北伐を開始する。出兵にあたって、中原を回復し、漢を復興するという戦争目的を明確に示すとともに、劉備から受けた恩に報い、劉禅に忠を尽くすために、みずから北伐を行うことを宣言した文章が「出師の表」である。諸葛亮のまごころがきらめく文章であり、古来、日本でも中国でも読み継がれてきた名文である。
　出師表は、今の蜀漢の危機的状況から始まる。益州疲弊せり、と。続いて自らの一生を振り返る。南陽（襄陽）で暮らしていた自分は、先帝劉備から三顧の礼を受け、君臣水魚の交わりを結んで蜀漢を樹立した。南方はすでに定まり、いまこそ中原を回復し、漢室を復興する時である。これが、先帝劉備の恩を受けた自分が、陛下劉禅に忠を尽くすための責務なのだ、と。文章には諸葛亮の忠がほとばしっている。
　ただし、諸葛亮は、出師の表の中で十三回も「先帝」という劉備を指す言葉を用いている。劉禅に捧げたにもかかわらず、「陛下」という劉禅への呼びかけは六回に過ぎない。諸葛亮が、「先帝」を多用するのは、自らが劉備の信任を受けて、劉禅に忠を尽くしていることの確認のためである。劉備の遺言がそうした配慮を諸葛亮に必要とさせてしまったのである。
　幸い、劉禅は諸葛亮を固く信じ続けた。亡国の暗君として有名な劉禅であるが、諸葛亮を「相父」（丞相である父）と慕い、全く疑わなかったことは、諸葛亮が忠臣として生をまっとうできた大きな要因として、もう少し評価されてもよい。

出師の表
成都の武侯祠に残る岳飛の筆といわれる出師の表

第二〇回　後出師の表

明年、大軍ヲ率ヰテ祁山ヲ攻ム。戎陣整斉、号令明粛ナリ。始メテ魏ヲ以テ昭烈既ニ崩ジ、数歳寂然トシテ聞クコト無ク、略ボ備フル所無シト。於テ是ニ天水・安定等ノ郡、皆朝野恐懼セリ。於テ是ニ亮猝ニ出ヅルヲ聞キノ、応ジ亮ニ、関中響震ス。魏主如ク長安ニ遣ムニ張郃ヲシテ之ヲ拒ガ。亮使ムシテ馬謖ヲシテ督シ諸軍ヲ戦ハ于街亭ニ上ノ。謖違ヒノ亮ノ節度ニ、郃大ニ破ルイニル之ヲ。亮乃チ還ル漢中ニ。

已にシテ而復タ言フ於漢帝ニ曰ク、漢賊不両立、王業不偏安。臣鞠躬尽力シテ、死而後已ニマン。至リテハ於成敗利鈍ニ、非ザルガニ臣ノ所能逆観スルメル也。引キテレ兵出デ散関ヨリ、囲ミ陳倉ヲ、不レ

祁山　甘粛省の東南部の山名。

恐懼　恐れおののくこと。

響震　響の物を震わせるように、驚き騒ぐこと。

節度　節制法度の義、ここでは指図のこと。

鞠躬　もと身を屈めて敬うの意。転じて一事に専念して他を顧みる暇もないのをいう。

逆観　逆はあらかじめ。予知すること。

三 克タず。

【書き下し】
明年、大軍を率ゐて祁山を攻む。戎陣整斉、号令明粛なり。始め魏 昭烈 既に崩じ、数歳 寂然として聞くこと無きを以て、略ぼ備ふる所無し。猝にか亮の出づるを聞き、朝野恐懼せり。是に於て天水・安定などの郡、皆亮に応じ、関中大いに響震す。魏主 長安に如き、張郃をして之を拒がしむ。亮 馬謖をして諸軍を督し街亭に戦はしむ。謖 亮の節度に違ひ、部 大いに之を破る。亮 乃ち漢中に還る。
已にして復た漢帝に言じて曰く、「漢と賊とは両立せず、王業は偏安せず。臣 鞠躬尽力して、死して後に已まん。成敗利鈍に至りては、臣が能く逆め観る所に非ざるなり」と。兵を引きて散関より出で、陳倉を囲むも、克たず。

【現代語訳】
明年（建興六、二二八年）、（諸葛亮は）大軍を率いて（魏の）祁山を攻めた。軍陣は整然とし、号令は明らかで厳かであった。これよりさき魏は昭烈皇帝がすでに崩御し、数年間（季漢は）ひっそりして（軍事行動も）聞くことがなかったので、（季漢に対して）ほぼ備えていなかった。にわかに亮が出兵したと聞き、朝廷も民間も震えあがった。このため天水・安定などの諸郡は、みな亮に呼応し、関中は驚き騒いだ。魏主（曹叡）は長安に行き、張郃にこれを防がせた。亮はそこで（残兵をまとめて）漢中に戻った。
しばらくしてまた漢帝（劉禅）に上書して、「漢と賊（魏）とは両立せず、王者の大業は（洛陽のような中国の中心で行われるべきで、蜀のような偏鄙な場所に）偏って存在していることに安んじることはできません。臣は身をかがめ敬慎んで力を尽くし、死ぬまで努力を続けていく覚悟であります。成功失敗や遅速につきましては、臣のあらかじめわかるところではありません」と申しあげた。軍を率いて散関から出撃し、陳倉を包囲したが、勝てなかった。

解説・鑑賞

● 後出師表

建興六年（二二八）、第二次北伐に際して、諸葛亮が上奏したという「後出師の表」が部分的に引用されている。

「後出師の表」は、陳寿の『諸葛氏集』『三国志』には収録されず、孫呉の大鴻臚（外務大臣）であった張儼『黙記』により伝わった。さらに、その中の趙雲の死亡年が『三国志』の記述と異なることもあって、古来、偽作の疑いが、かけられている文章である。

しかし、兄の子である諸葛恪が、近ごろ家の叔父（諸葛亮）の賊と戦うための表を読んだが、深く嘆息した、と述べている。曹魏との戦いを反対されていた諸葛恪が深く嘆息する内容としては、「後出師の表」の方がふさわしい。したがって、「後出師の表」が諸葛亮の自作である蓋然性は高い。張儼『黙記』により伝わったことは、作の疑いを全面的に説明できないことではない。

それでは、陳寿はなぜ、『三国志』のみならず、『諸葛亮集』にも「後出師の表」を収録しなかったのであろうか。それは、「後出師の表」の内容と関わりがある。

「鞠躬」は、身をかがめて敬い慎むことで、『論語』泰伯郷党篇を典拠とする。後者は、曾子（孔子の弟子）が仁を体得し実践していくことの任の重さと道の遠さを典拠とする有名な文章である。徳川家康の「人の一生は重き荷を負いて遠き道を行くが如し。急ぐべからず」という遺訓の典拠にもなっていることで、日本でも有名である。その重き荷とは、曾子には仁であり、諸葛亮には北伐とその結果としての「聖漢」の「大一統」であった。

ただし、この文章はそれが「成功するか失敗するか、勝利を得るか敗北するかは、わたしの洞察力では予測することができるものではありません」と終わる。「草廬対」に見られた圧倒的な自信は影をひそめ、「出師の表」に見られる強い決意も全面的には展開されない。繰り返されるのは、高祖劉邦、劉繇と王朗、曹操、関羽の失敗例と、趙雲をはじめとする失った精鋭部隊への嘆きである。陳寿が、この文章を『諸葛氏集』にも『三国志』にも収録しなかった理由は、全体に立ち込める悲壮感にあ

それでも、諸葛亮の「聖漢」による「大一統」の志が、折れることはなかった。幾多の困難を掲げながらも、そして成功への確信が持てなくとも、それは死ぬまでその重任を担い続けねばならない理想であった。「聖漢」の滅亡時に生まれた諸葛亮の運命と言い換えてもよい。諸葛亮は、病に冒された身体に鞭打って、漢中を拠点に北伐を続けるのである。

北伐（第一次北伐）

→ 曹魏
--▶ 蜀漢

第一次北伐

諸葛亮が駐屯する漢中から魏の長安までの間には、険しい秦嶺山脈がそびえ立つ。諸葛亮は、長安に最も近い子午道から長安を急襲する策を退け、なだらかで広い関山道から涼州を取る戦術を採用した。

99　第20回　後出師の表

第二二回　北伐已まず

呉王孫権、自称皇帝、於武昌ニ、追ヒ尊シテ
父堅ヲ為シ武烈皇帝ト、兄策ヲ為ス長沙桓
王ト。已ニシテ遷ス都ヲ建業ニ。
蜀漢ノ丞相亮、又伐チ魏ヲ囲ム祁山ヲ。魏遣ハシテ
司馬懿ヲシテ督セシム諸軍ヲ拒ガ亮ニ。懿不ゼ肯戦ヲ。
賈詡等曰ク、公畏ルルコト蜀ヲ如シ虎ノ。奈天下ノ
笑ヒニ何セント。懿乃チ使ム張郃ヲシテ向ハ亮ニ。亮逆ヘ戦ヒ、
魏兵大ニ敗ル。亮以テ糧尽クルヲ退ク軍ヲ。郃追フ
之ヲ、与リ亮戦ヒ、中リテ伏弩ニ而死ス。亮還リ勧メ
農講ジ武ヲ、作リ木牛・流馬ヲ治メ邸閣ヲ、息フ
民ヲ休メ士ヲ、三年ニシテ而後用フ之ヲ。悉ク衆
十万ヲ、又由リ斜谷口ニ伐チ魏ヲ、進軍ス渭

追尊　死後に尊号をおくること。

奈—何　どうしたらよいのか。「奈—何」は、文字を飛びこえて続けて読む。

木牛・流馬　諸葛亮が発明した輸送車輛。

邸閣　兵糧を貯蔵する倉庫。

斜谷口　今の陝西省褒城県にある。

南、魏ノ大将軍司馬懿兵ヲ引キテ拒ギ守ル。

【書き下し】

呉王の孫権、自ら皇帝を武昌に称し、父の堅を追尊して武烈皇帝と為し、兄の策を長沙桓王と為す。已にして都を建業に遷す。

蜀漢の丞相たる亮、又魏を伐ち祁山を囲む。魏、司馬懿をして諸軍を督し亮を拒がしむ。懿戦ふを肯ぜず。賈詡ら曰く、「公の蜀を畏るること虎の如し。天下の笑を奈何せん」と。懿乃ち張郃をして亮に向はしむ。亮逆へ戦ひ、魏の兵大いに敗る。亮還りて農を勧め武を講じ、木牛・流馬を作り、邸閣を治め、民を息め士を休め、三年にして後之を用ふ。衆十万を悉くして、又斜谷口より魏を伐ち、進みて渭南に軍す。魏の大将軍たる司馬懿兵を引きて拒ぎ守る。

【現代語訳】

呉王の孫権は、自ら皇帝と武昌で称し、父の堅を追尊して武烈皇帝とし、兄の策を長沙桓王とした。やがて都を建業に遷した。

蜀漢の丞相である諸葛亮は、再び魏を討伐し祁山を包囲した。魏は司馬懿を派遣して諸軍を統率し亮の攻撃を防いだ。懿は戦うことを承知しなかった。賈詡たちは、「公が蜀を恐れることは虎のようであります。天下のもの笑いになるのをいかがされますか」と言った。そこで懿は張郃に亮と戦わせた。亮は迎え撃ち、魏軍は大敗した。亮は食糧が尽き軍を撤退した。張郃はこれを追撃し、亮と戦い、（蜀軍が）伏せた弩にあたり戦死した。亮は帰ると農業を推進し、武を奨励し、木牛・流馬をつくり、邸閣を整備し、民衆と兵士を休息させ、三年してから後に用いた。軍勢十万を総動員して、斜谷から魏を討伐し、進んで渭水の南（の五丈原）に布陣した。魏の大将軍である司馬懿は兵を率いて防ぎ守った。

解説・鑑賞

● 第二次北伐

建興六（二二八）年五月、曹魏が石亭で孫呉に大敗を喫したことを機に、十一月に第二次北伐が開始された。諸葛亮は故道を通り散関を越え、郝昭が守る難攻不落の陳倉を攻撃した。雲梯と呼ばれる梯子車や、城門を破壊する衝車を利用し、さらに、井闌という櫓から城内に矢を浴びせ、土を運んで堀を埋め、激しく攻めたてたが、二重の城壁に阻まれた。最後には、トンネルを掘って地下からも攻めたが、郝昭はすべてに対応し、諸葛亮も万策が尽きた。長安から曹真が援軍を率いて押し寄せ、自軍の兵糧も底をついたため、諸葛亮はあきらめて兵を引いた。当時の武器の能力では、城を陥落させるためには、多くの日数が必要であった。しかし、補給の困難さは、十分な日数を諸葛亮に与えなかったのである。漢中に戻った諸葛亮は、運搬手段の工夫に意を尽くした。木牛・流馬である。木牛・流馬は、陳寿が具体的な数値を書き残している割には、実態はつかめていない。

宋代の『事物紀原』は、木牛をながえを付けた小さい車、流馬を一輪車であるとし、劉仙洲『中国古代農業機械発明史』も、木牛・流馬を木製の一輪車とする。これに対して、譚良嘯『八陣図与木牛流馬』は、木牛を積載量は多いが速度の遅い四輪車、流馬をその改良型で積載量を減らす代わりに速度をあげた四輪車とする。いずれにせよ、これが兵糧補給に役立ったことは間違いない。しかし、漢中から五丈原まで褒斜道で五〇〇里（二〇〇km）、一日に二〇里（八km）しか進めない木牛では、往復に五〇日もかかってしまう。蜀の桟道を越えて補給を行うことは、かくも困難なことなのであった。

● 第三次北伐

建興七（二二九）年、諸葛亮は曹魏の武都郡・陰平郡を陳式に攻撃させた。この地方に居住する、チベット系の異民族である氐族・羌族を味方につけることも目的であった。曹魏は、郭淮を派遣して陳式を迎え撃たせたので、諸葛亮は自ら軍を率い、郭淮を退けた。この功績で、諸葛亮は右将軍から再び丞相の地位に返り咲いた。武第三次北伐は、諸葛亮の慎重な戦略の典型である。

● 曹真の侵攻

国力の回復を目指して北伐を休止していた建興八（二三〇）年、逆に曹魏が攻め込んできた。曹真が斜谷道、司馬懿が西城から漢中を脅かす。諸葛亮は、楽城で曹魏軍を待ち受けるとともに、李厳に二万の兵を率いて、漢中救援を命じた。しかも、後任の江州都督に息子の李豊を任命して李厳の勢力を守る配慮を見せた。それでも李厳は、言を左右にして兵を動かさなかった。大雨で曹魏軍が撤退し事なきを得たが、許し難い命令違反である。李厳は諸葛亮をねたんでいたのである。

都・陰平の二郡は、北伐ルートの後方にあたる。自己の存在のすべてを賭けて、乾坤一擲の勝負を挑むのであれば、この二郡などは打ち捨てておき、ひたすら曹魏の首都洛陽を目指すべきであろう。しかし、諸葛亮は二郡の確保を重視した。攻めながらも、守っているのである。国力の劣る蜀漢は、曹魏に攻勢をかけながらも、つねに守りを意識して北伐を進めていく。守備の拠点を攻撃して獲得した第三次北伐は、「攻撃は最大の防御」という言葉がピッタリである。

● 第四次北伐

建興九（二三一）年、諸葛亮は第四次北伐を行った。木牛を利用するなど兵糧輸送を工夫して、関山道を通り祁山を包囲した。諸葛亮はこの戦いで初めて宿敵の司馬懿と直接対決した。諸葛亮は、第五次まで続く司馬懿との戦いの中で、諸葛亮は命を落とし、司馬懿はその功績で西晋建国の基礎を築く。まさに宿敵と呼ぶにふさわしい相手である。諸葛亮が祁山を包囲すると、司馬懿は、拠点である上邽に向かった。諸葛亮は上邽を費曜に守らせ、自ら祁山に向かった。司馬懿は上邽を攻撃、費曜の裏をかいて、祁山の包囲をゆるめて上邽を攻撃、費曜を打ち破った。折しも麦秋である。諸葛亮は上邽の麦をすべて刈り取った。目の前で自国の麦を奪われながら、司馬懿はなお動こうとしない。諸葛亮は、わざと軍を引いて敵の出足を誘う。司馬懿は、これを追い鹵城に至るが、進軍を止める。曹魏の諸将は、納得できず司馬懿に戦いを迫る。やむなく司馬懿は、諸葛亮率いる主力軍との決戦に向かった。諸葛亮は、得たりとばかり魏延らに迎撃させ、散々に打ち破って大勝をえた。しかし、李厳の怠慢により兵糧が続かず、またも撤退、諸葛亮は李厳を罰した。

第一〇三回　秋風五丈原

亮以前者數、出皆運糧不繼、使己志不伸、乃分兵屯田。耕者雜於渭浜居民之間、而百姓安堵、軍無私焉。亮數挑戰、懿不出。乃遺以巾幗・婦人之服。亮使者至懿軍、懿問其寢食及事煩簡、而不及戎事。使者曰、諸葛公夙興夜寢、罰二十以上皆親覽。所噉食不至數升。懿告人曰、食少事煩、其能久乎。亮病篤。有大星、赤而芒、墜亮營中。未幾亮卒。長史楊儀整軍還。百姓奔告懿、懿追之。姜

屯田　兵士がその土地を守りながら農耕に従事すること。

安堵　堵は垣。本来は人が屋敷の内に安心して住めるという意味。

巾幗　巾は頭巾。幗は女の首飾り。女の持ち物を贈って男らしくないのを皮肉ったのである。

罰二十　杖で二十回打つ軽い罰。

噉食　噉は啖と同じ意味。食べること。

数升　日本でいうと、三、四合。

芒　光の尾。

長史　丞相長史。諸葛亮の丞相府の属官の長。

維(ヰ)儀(ギ)をして旗を反(ハン)して鼓を鳴らし、将に懿に向かはんとするがごとくせしむ。懿敢へて逼(せま)らず。百姓之が為に諺(ことわざ)して曰く、「死せる諸葛、生ける仲達を走らす」と。懿笑ひて曰く、「吾能く生を料(はか)れども、死を料る能はず」と。亮嘗て兵法を推演(すいえん)して、八陣の図を作る。是に至りて懿其の営塁を案行(あんかう)し、歎じて曰く、「天下の奇材なり」と。

【書き下し】
亮前者に数(しばしば)出でしが、皆運糧継がず、己が志をして伸びざらしめしを以て、乃(すなは)ち兵を分かちて屯田(とんでん)す。耕す者渭浜(ゐひん)の居民の間に雑(まじ)はり、而も百姓安堵し、軍に私無し。亮数(しばしば)懿に戦を挑むも、懿出でず。乃ち遺(おく)るに巾幗(きんかく)・婦人の服を以てす。亮の使者懿の軍に至るや、懿其の寝食及び事の煩簡(はんかん)を問うて、戎事(じゅうじ)に及ばず。使者曰く、「諸葛公夙(つと)に興(おき)夜に寝ね、罰二十以上は皆親ら覧る。噉食(たんしょく)する所は数升に至らず」と。懿人に告げて曰く、「食少なく事煩はし、其れ能く久しからんや」と。亮病篤し。大星有り、赤くして芒(ばう)あり、亮の営中に墜つ。未だ幾ならずして亮卒す。長史の楊儀(やうぎ)、軍を整へて還る。百姓奔りて懿に告げ、懿之を追ふ。姜維(きょうゐ)儀をして旗を反し鼓を鳴らし、将に懿に向かはんとするがごとくせしむ。懿敢へて逼らず。百姓之が為に諺して曰く、「死せる諸葛、生ける仲達を走らす」と。懿笑ひて曰く、「吾能く生を料れども、死を料る能はず」と。亮嘗て兵法を推演して、八陣の図を作る。是に至りて懿其の営塁を案行し、歎じて曰く、「天下の奇材なり」と。

仲達　司馬懿の字。
推演　おしひろめること。
案行　調べて見廻ること。

【現代語訳】
そこで兵を分けて屯田した。
諸葛亮はこれまでしばしば出兵したが、耕す兵士は渭水のほとりの住民のなかに雑居したが、(規律がよく行き届いていたので)農民たちは食糧の運搬が続かず、自分の志を遂げられなかったので、

ちは安心して、軍に不正はなかった。亮はしばしば司馬懿に戦いを挑んだが、懿は出てこなかった。そこで（懿の臆病を恥ずかしめるため）巾幗（婦人用の頭巾）と婦人の服を贈った。亮の使者が懿の軍に至ると、懿は亮の寝食と仕事の忙しさを聞き、軍事には触れなかった。使者は「諸葛公は朝は早く起き夜は更けてから休み、杖罪二十以上はみな自分で調べられます。召し上がられるのは三、四合に過ぎません」と答えると、懿は人に告げて、「（諸葛亮の）食事は少なく仕事は多い、長生きはできまい」と言った。（果たして）諸葛亮は病気が重くなった。（ある夜）大きな星があり、赤く長い尾を引き、亮の陣営の中に落ちた。間もなく亮は亡くなった。

丞相長史の楊儀は、軍を整えて帰還した。土地の者が（事の様子を）走って懿に注進し、懿はこれを追撃した。姜維は楊儀に旗の向きを翻し（進軍の）太鼓を鳴らし、いまにも懿に向かって出撃するかのように見せかけさせた。懿はあえて近寄らなかった。土地の者はこのため諺を作って、「死せる諸葛亮、生ける仲達を走らす」と言った。懿は苦笑して、「わたしは生きている者のことを考えることはできるが、死んだ者のことは考えられない」と言った。亮はかつて兵法（の原理）をすすめて、八陣の図を作った。ここに至り司馬懿はその陣営のあとを巡見して、感嘆して、「天下の奇才である」と言った。

定軍山の諸葛亮墓
諸葛亮は五丈原で陣没する際、簡素に埋葬することを遺言した。のち、民の祭祀する者が絶えないため、沔陽に廟を立てた。

解説・鑑賞

　建興十二（二三四）年、諸葛亮は孫呉に使者を派遣し、出兵を促すとともに、四月、十万の兵を率いて褒斜道より五丈原に進んだ。今までの北伐が兵糧の不足に苦しんだことに鑑み、木牛・流馬で運搬に当たったほか、斜谷水の河辺に土地を開墾し、付近の農民とともに屯田を行い、兵糧の確保に努めた。

　五丈原の蜀漢軍に対して、曹魏軍を率いる司馬懿は、国城から渭水の南岸に渡り、土塁を築いて本陣を設けた。背水の陣となる。慎重な司馬懿が、あえて渭水を渡った理由は、南岸の食糧貯蔵庫を守ることと全軍の士気の高揚にあった。諸葛亮は、渭水を渡り北岸に出て、長安に東進したかったが、自ら指揮をしない別動隊では、郭淮に守られた北岸に渡ることはできなかった。

　有能であるがゆえに諸葛亮は、すべての仕事を自分で背負いこんだ。本来、丞相という国家全体の責任者が、軍を率いて自ら戦う必要などはない。劉備が理想とする前漢の建国者である劉邦の丞相蕭何は、内政に専念し

ていた。武将の韓信が宿敵項羽を撃破したのである。諸葛亮は、蕭何の仕事をしながら、韓信の役割まで果たそうとした。あまりの激務ぶりに、見かねた部下が「すべての仕事を気にかけることはお止め下さい」と進言したことがある。自分を心配してくれる部下の言葉に、諸葛亮は喜び、感謝をしたのだが、結局はすべての仕事をこなし続けた。責任感が彼を駆り立てたのである。

　諸葛亮の死後における蜀漢の急速な衰退は、彼の能力の高さと役割の大きさを物語る。国家経営に責任感を持ち、誠実に仕事を続けてきた諸葛亮は、最後の気力を振り絞り、司馬懿に決戦を挑むのである。

　五月、諸葛亮期待の孫呉軍は、明帝に撃退された。孫呉軍敗退の報を聞き、焦る諸葛亮に司馬懿は持久戦を強いる。動こうとしない司馬懿に、諸葛亮は婦人の頭巾と着物を贈りつけ、戦う勇気の無さを辱めた。司馬懿は、動じない。無用な挑発によって、諸葛亮は焦りを司馬懿に見透かされた。また、司馬懿、諸葛亮からの使者に諸葛亮の執務ぶりを尋ねた。寝食を忘れた仕事ぶりと食事の少なさから、その死去が近いことを悟ったという。

果たして、八月、病魔に侵された諸葛亮は、自陣に落ちてくる星を自分の将星（守り星）であると指差し、巨星の落下とともに陣没した。五十四歳であった。

司馬懿は、撤退後の諸葛亮の陣営をくまなく調査し、「天下の奇才である」と称した。蜀漢の滅亡後、司馬懿の子司馬昭は、諸葛亮の兵法を調査させ、それを記録させた。

成都武侯祠の諸葛亮像
成都の武侯祠の諸葛亮像は、金色に塗られている。各地の武侯祠の中で最も美麗な像である。

成都の武侯祠
成都の武侯祠は本来、劉備の漢昭烈陵（恵陵）を中心とする遺跡であるが、附設される諸葛亮の廟の方が有名となり武侯祠と呼ばれている。

漢中の諸葛亮廟
諸葛亮終焉の地漢中には古い歴史を持つ諸葛亮廟が残っている。

赤壁のテーマパークで復原した攻城用具

第二三回　治を識るの良材

亮為政無私。馬謖素為亮所知。及敗軍流涕斬之、而卹其後。李平・廖立、皆為亮所廃。及聞亮之喪、皆歎息流涕、卒至発病死。史称、亮開誠心、布公道。刑政雖峻、而無怨者。真識治之良材而謂其材長於治国、将略非所長、則非也。

初丞相亮、嘗表於帝曰、臣成都有桑八百株、薄田十五頃。子弟衣食自有余。不別治生以長尺寸。臣死之日、不使内有余帛、外有

卹 恤と同じ。ここでは馬謖の遺族を救済したこと。

李平 李厳のこと。名を改めていた。

史 陳寿の三国志（蜀志）をさす。

株 桑などの樹木を数える単位。

頃 土地の広さの単位。現在の一八二aにあたる。

贏財、以負¹陛下²至³是卒、如⁴其言¹。

諡⁵二忠武一。

贏財 贏は余。余った財産。

【書き下し】

亮政を為すに私無し。馬謖素より亮の知る所と為る。軍を敗るに及び流涕して之を斬り、而して其の後を卹む。李平・廖立、皆亮の廃する所と為る。亮の喪を聞くに及び、皆歡息流涕し、卒に病を發して死するに至る。史に稱らく、「亮誠心を開き、公道を布く。刑政峻なりと雖も而も怨む者無し。真に治を識るの良材なり」と。而して「其の材国を治むるに長じて、将略は長ずる所に非ず」と謂ふは、則ち非なり。

初め丞相の亮、嘗て帝に表して曰く、「臣成都に桑八百株、薄田十五頃有り。子弟の衣食自ら余り有り。別に生を治めて以て尺寸を長ぜず。臣死するの日、内に余帛有り、外に贏財有りて、以て陛下に負かしめず」と。是に至りて卒するや、其の言の如し。忠武と諡す。

【現代語訳】

諸葛亮は政治を行う際に無私(公平)であった。馬謖は平素から亮の知遇を受けていた。(しかし、街亭の戦いで亮の指図に従わず)敗戦を招くと(亮は)泣いて馬謖を斬り、そしてその遺族に厚く情をかけた。李平(李厳)や廖立は、いずれも亮に免官された。(しかし)亮の死を聞くと、ともに歎き悲しみ涙を流し、とうとう病気になって死んだ。(陳寿の)『三国志』諸葛亮伝の評に、「諸葛亮は誠心を開き、公平な政道を布いた。刑罰や政事は峻厳であったがそれを怨む者はなかった。まことに政治を心得た優れた人物である」と称している。しかし(陳寿が)、「その才能は国を治めることは長けているが、(臨機応変の)将軍としての智略は得意としていない」と評しているのは、不当である。

これよりさき丞相の諸葛亮は、かつて皇帝(劉禅)に上表して、「臣(わたくし)は成都に桑八百株、痩せた田十五頃を持っております。臣が死んだ日に、家に余分の絹があり、外に余分の財があって、陛下のご信頼に背くようなことは致しません」と申しあげていた。こうして亡くなってみると、その言葉通りであった。忠武と諡された。

解説・鑑賞

●泣いて馬謖を斬る

話は遡る。第一次北伐は、建興六（二二八）年から開始された。諸葛亮は大軍を動かすのに最も安全な関山道を通って天水郡を攻略するため、趙雲と鄧芝に褒斜道から郿をうかがう陽動作戦を行わせ、曹真が主力を郿に集めている隙に天水郡を支配した。曹魏の明帝は、自ら長安に出陣するとともに、張郃を先鋒とする。ここで愛弟子の馬謖を起用する。馬謖は、天水郡東北の街亭で張郃を迎え討ったが、策に溺れて水のない山上に布陣し、張郃に囲まれて軍を壊滅させた。馬謖の失態により、第一次北伐は失敗し、諸葛亮は軍をまとめて漢中に戻り、馬謖を斬った。また、自らをも罰し、敗戦の責任を明らかにした。

諸葛亮の北伐は、緒戦からつまずいた。結局、この後、街亭での失敗を取り戻すことはできなかった。敗戦の最も大きな原因は、諸葛亮による馬謖の抜擢にある。劉備は臨終の折、諸葛亮に「馬謖はいつも実力以上のことを口にしている。重く用いることはできない。君もその点を十分に考えるとよい」と忠告している。先鋒には、魏延か呉懿が任命されると周囲も考えていた。それでも、諸葛亮は馬謖に重任を授けた。馬謖の兄で「白眉」と称えられた馬良は孫呉との夷陵の戦いで死去し、龐統も入蜀の際に戦死、徐庶は曹魏に仕えており、襄陽で諸葛亮と勉学に励んだ旧友は、数少なくなっていた。そうした中、馬謖だけが、諸葛亮の傍らできらめく才能を見せ続けていたのである。長期戦化するであろう曹魏との戦い、四十八歳の諸葛亮は自分の後継者となりうる若い才能に賭けていたのである。

だからこそ諸葛亮は、「泣いて馬謖を斬」らざるをえなかった。荊州名士の馬謖の失敗を諸葛亮が庇えば、益州名士の支持の上に成り立っている蜀漢政権は瓦解してしまうのである。すでに荊州名士の向朗が、馬謖を庇い損害を大きくしていた。蜀漢は、曹魏・孫呉よりもその成立が遅れた。しかも、支配する領土は益州一州に過ぎない。公正な政治を行って、益州の人々の支持を受けなければ、すぐさま滅亡してしまう。そうした危機感の中で、諸葛亮は馬謖を斬り、向朗を免官して、自らをも

北伐（第二次〜第五次）

第二次、第三次北伐

第二次、第三次は一連の戦役である。諸葛亮は自らおとりとなり、陳倉を攻めて魏軍を引きつけた。その間、陳式は武都・陰平の二郡を取り、涼州への足がかりを得た。

第四次北伐

第四次北伐は、五回にわたる北伐の中で唯一、主力同士の戦闘が行われた。諸葛亮は司馬懿を大破したが、兵糧が続かずに兵を引いた。

第五次北伐

第五次北伐において、諸葛亮は、屯田制（軍屯）を行って兵糧を確保した。しかし、その寿命が北伐の継続を許さなかった。

罰して丞相から右将軍へと退き、益州に敗戦を侘びた。こうしなければ蜀漢は立ち行かなかったのである。

第二四回　曹氏の建て直し

魏主性好レ土功ム。先レ是既ニ治ム二許昌宮ヲ一。後又作リ二洛陽宮ヲ一、徙ス二長安鐘簴・橐駝・銅人・承露盤於洛陽一。盤折レ、声聞ユ二数十里一。銅人重不レ可カラス レ致チニ。乃大ニ発レ銅ヲ、鋳テ銅人二ヲ、列=坐セシメ於司馬門外一、号シテフレ曰二翁仲一。起コシ二土山於芳林園ニ、植ヱ二雑木善草一、捕ヘテ禽獣ヲ致ス二其中一ニ。諫ムル者皆不レ納レラレ。魏主有レ疾。召シテ二司馬懿ヲ一入朝セシメテ、以テ曹爽ヲ為ス二大将軍一。魏主叡殂ス。僭位スルコト十四年。改元スル者三、曰フ二太和・青龍・景初一ト。

許昌　河南省許昌市。曹操の拠点があった。

鐘簴・橐駝・銅人　「鐘簴」は鐘および鐘を釣る台。「橐駝」はラクダの異名。ここでは門前に立てる獣像。「銅人」は金人に同じ。金属製の人間像。いずれも秦の始皇帝の鋳造したもの。

承露盤　漢の武帝が建章宮に建てた銅盤。甘露を承けるために設けたもの。

芳林園　天子が所有する園林の一つ。

入朝　朝廷に参内して、天子に謁見すること。

子芳立つ。是を廃帝邵陵厲公と為す。芳八歳、即ち位に。司馬懿・曹爽、遺詔を受け輔政す。懿を太傅と為す。

太傅 官職名。三公の上に置かれる上公で、人臣の最高位である。

【書き下し】
魏主性土功を好む。是より先既に許昌宮を治む。後に又洛陽宮を作り、長安の鐘簴・橐駝・銅人・承露盤を洛陽に徙す。盤折れ、声数十里に聞ゆ。銅人は重く致す可からず。乃ち大いに銅を発し、銅人二を鋳、司馬門外に列坐せしめ、号して翁仲と曰ふ。土山を芳林園に起こし、雑木善草を植ゑ、禽獣を捕へて其の中に致す。諫むる者皆納れられず
魏主疾有り。司馬懿を召して入朝せしめ、曹爽を以て大将軍と為す。魏主の叡殂す。僭位すること十四年。改元する者三、太和・青龍・景初と曰ふ。
子の芳立つ。是れ廃帝たる邵陵の厲公為り。芳八歳にして位に即く。司馬懿・曹爽、遺詔を受け政を輔く。懿を太傅と為す。

【現代語訳】
　魏主（明帝）は生まれつき土木工事が好きであった。これより前に許昌宮を造った。後にまた洛陽宮を築き、長安にあった鐘簴・橐駝・銅人・承露盤を洛陽に移そうとした。（そのとき）承露盤が折れ、その音は数十里も（先まで）聞こえた。銅人は重く運ぶことができなかった。そこで大いに銅を徴発して、（新しく）銅人二体を鋳造し、司馬門の外に並べ置き、号して翁仲といった。築山を芳林園の中に造り、種々の木や得がたい草を植え、（珍しい）鳥獣を捕らえてその中に放った。諫言する者はみな聞き入れられなかった。
　魏主は病気になった。司馬懿を召して朝廷に参内させ、（ともに後事を託した）曹爽を大将軍にした。魏主の曹叡が死んだ。これが廃帝となる邵陵の厲公である。曹芳は八歳で即位した。司馬懿と曹爽が、遺詔を受けて政治を輔佐した。（曹爽は）司馬懿を太傅とした。

解説・鑑賞

● 明帝の奢侈

『十八史略』がまとめる明帝の土木工事は、『三国志』にはさらに詳細に描かれ、明帝の奢侈により曹魏が衰退していくさまが語られる。陳寿は、西晋の歴史家であるため、曹魏が衰退して、司馬氏の西晋が勃興する理由を『三国志』に組み込まなければならなかった。宿敵の諸葛亮が陣没して、気が緩んだ明帝が土木工事を重ね、衰退の原因をつくる。実に分かりやすい。

明帝が土木工事を行ったことは事実である。しかし、それは洛陽宮の整備により、皇帝権力を再編するためでもあった。このほか明帝は、後漢までの国家祭祀を変更し、曹魏としての礼制を確立している。

明帝の奢侈は、皇帝権力強化の一環なのである。

● 曹爽政権

明帝が死去すると、遺言により司馬懿とともに幼帝の曹芳を輔佐した曹爽は、司馬懿を中核とする名士勢力が君主権力をしのぐほどの力を持つに至る現状の打開を図った。曹爽は、何晏・夏侯玄を行政の中心に就け、中央集権的な政治を目指した。何晏は、後漢末の外戚何進の孫で、母の尹氏が曹操の夫人となったため宮中で育てられた。夏侯玄は曹爽の叔母の夫人、夏侯氏は一族に準ずる扱いを受けていた。曹爽は、こうした曹氏の姻戚により側近グループを形成し、司馬懿を太傅に祭りあげ、政権の全権を掌握することに成功したのである。

曹爽は、何晏の勧めで法律を重視する改革政治を行い、夏侯玄の献策で九品中正制度の改正を試みた。いずれも、曹魏の君主権力の強化を図るものである。ことに九品中正制度の改正案の内容は、郡の中正官には人物評価のみを行わせ、人事権を尚書に一元化しようとするものであった。尚書は曹爽一派が掌握していたので、この改正案は、曹爽による人事権掌握を目指すものでもあった。これは、陳羣が名士の名声を官僚制度に反映するものとして成立させた九品中正制度の中から、名士に有利な部分を覆すものであった。当然、司馬懿は曹爽政権の諸政策の行方や政権内の名士層の動向をじっくりと観察していた。

●何晏と論語集解

何晏は、儒教との係わりのなかで老荘思想を復興した。

『易』『老子』『荘子』という思想の中心となる三冊の本を三玄と呼ぶことから、これを玄学と言う。何晏は曹爽のもと、この新しい哲学を武器に、曹氏の君主権力を建て直そうとした。

魏は漢から禅譲を受けるとき、伝説上の天子である舜が堯から禅譲を受けたことをお手本として、自らの王朝交替を正統化している。漢と堯は、ともに赤をシンボルカラーとする火徳の国家であり、魏と舜は黄色の土徳の国家である。曹操の先祖が舜の末裔であるとするあやしげな系譜も作成された。孔子の言行録である『論語』のなかには、舜は「無為」により安定した支配を行ったとする部分がある。何晏は、そこに目をつけた。『論語集解』(『論語』を解釈する本)を著し、老荘思想により、孔子が尊重する舜の無為を、官僚を選ぶことの重要性を説いたものであると解釈し、それを自分たちの政治理念にしようとしたのである。

『老子』の無為とは、何もしないことである。無為の政治では、舜は何もしないことになる。舜が何もしなくても、安定した支配を行えたわけは、自分を支える官僚たちを、舜がしっかりと選んだためである。こう説明して、何晏は、人材登用の君主による一元化を目指したのである。具体的には、郡中正の与える郷品により、その人の一生の出世が定まってしまう九品中正制度は、君主による一元的な人材登用とは言えない。百歩譲って、登用は郡中正に任せるとしても、官僚がどのように出世していくのかは、皇帝のもとで人事を担当する吏部尚書が、決定すべきなのである。曹爽は、このような考え方を持つ何晏を吏部尚書に任命した。何晏は、自分が創設した新しい文化である玄学に基づいて人事を行い、人材登用の中央集権化を目指したのであった。

何晏の『論語集解』

第一一五回 丞相を継ぐ者

漢ノ丞相亮既ニ亡ビシヨリ、蒋琬政ヲ為ス。楊敏毀リテ琬ヲ、作事憒憒タリト、不及前人ニ。或請ヒテ治敏ヲセントス。琬曰ク、吾実ニ不如三前人ニ、無可推スキ。琬卒シ、費禕・董允為ス政ヲ。公亮ニシテ尽クス忠ヲ。允卒、姜維与費禕並ビニ為政ヲ。

魏ノ曹爽驕奢ナルコト無度。懿殺之。懿為リ丞相、加二九錫ヲ。不受。爽之党夏侯覇奔ル蜀ニ。姜維問之ニ曰ク、懿得タリ政ヲ。復有リヤ征伐ノ志否ヤト。覇曰、彼営立家門ヲ、未レ遑ダ外事ニ。有リ鍾士季ナル者、雖モ少若シト、管二朝政ヲ一、呉・蜀之憂トナラント也。魏ノ司馬懿

憒憒 心の乱れるさま。

推治 取り調べて刑罰に処すること。

九錫 天子から勲功ある者に特別に賜わる九つの品。車馬・衣服・楽器・朱戸・納陛・虎賁・弓矢・鈇鉞・秬鬯のこと。これを受けたもの、あるいはその子孫は新しい国家をつくることが多い。

118

卒。以"其子師,為"撫軍大将軍、録"
尚書事,。
呉主殂。諡曰太皇帝。子亮立。
漢費禕、汎愛不疑、降人刺殺之。姜
維用レ事、数シバ出レ兵攻レ魏。

撫軍大将軍 官名。父の司馬懿が就いていた将軍職である。

【書き下し】
漢は丞相の亮既に亡びしより、蔣琬政を為す。楊敏琬を毀りて曰く、「事を作すこと憤憤たり、前人に及ばず」と。或ひと敏を推治せんと請ふ。琬曰く、「吾実に前人に如かず、推す可き無し」と。琬卒し、費禕・董允政を為す。公亮にして忠を尽くす。允卒し、姜維費禕と並びて政を為す。
魏の曹爽驕奢なること度無し。懿之を殺す。懿魏の丞相と為り、九錫を加ふれども受けず。爽の党たる夏侯覇蜀に奔る。姜維之に問ひて曰く、「懿政を得たり。復た征伐の志有りや否や」と。覇曰く、「彼家門を営立し、未だ外事に遑あらず。其の子たる師を以て、撫軍大将軍と為し、尚書の事を録せしむ。少しと雖も若し朝政を管せば、呉・蜀の憂とならん」と。魏の司馬懿卒す。其の子師鍾士季なる者有り。
呉主殂す。諡して太皇帝と曰ふ。子の亮立つ。
漢の費禕、汎く愛して疑はざれば、降人之を刺殺す。姜維事を用ひ、数〻兵を出し魏を攻む。

【現代語訳】
漢では丞相の諸葛亮が亡くなってから、蔣琬が政治をとった。楊敏は蔣琬を非難して、「(蔣琬は)政治をするのに心が乱れており、前人(の諸葛公)に及ばない」と言った。ある人が敏を取り調べて処罰するよう請うた。蔣琬は、「わたしは本当に前人に及ばない。(楊敏の言は事実であるから)処罰のしようがない」と言った。蔣琬が亡くなると、費禕・董允が政治をとった。(二人とも)公明誠実でよく忠義を尽くした。董允が亡くなると、姜維が費禕と並んで政治をとっ

119　第25回　丞相を継ぐ者

魏の曹爽は驕奢であること限りなかった。司馬懿がこれを殺した。司馬懿は魏の丞相となり、九錫を賜わったが受けなかった。曹爽の党派である夏侯覇は、（曹爽が殺されたので）蜀に亡命した。姜維は覇に尋ねて、「懿は政権を獲得した。他国を征伐する意志はあるだろうか」と言った。覇は、「かれは一家一門の繁栄に努めており、まだ他国の事に（手をまわす）暇はありません。（ただ）鍾士季（鍾会）という者がおります。弱年ですがもし朝政に与れば、呉と蜀の心配の種となるでしょう」と答えた。魏の司馬懿が亡くなった。その子である司馬師を撫軍大将軍とし、尚書の政務を総覧させた。呉主（孫権）がなくなった。諡をして太皇帝という。子の孫亮が立った。

漢の費禕は、ひろく（人を）愛して疑うことがなかったので、（魏から）降服した人（郭循）に刺殺された。（そこで）姜維が政事を行ない、たびたび兵を出し魏を攻撃した。

漢魏許昌
漢の献帝が最後に都を置いた許（現在の許昌市）。遠方に見えるのは、献帝が天を祭った毓秀台。

解説・鑑賞

● 守りに徹する

丞相の死後、蜀漢を率いた者は、蔣琬であった。諸葛亮とともに入蜀した荊州名士で、当初与えられた簡単な職務にくさって泥酔し、劉備に処罰されかけた。それをかばって諸葛亮が育て上げた蔣琬は、蔣琬の死後政権を担当した費禕とともに、諸葛亮の薫陶を受けた後継者と言えよう。その政策は、守りに徹するものであった。諸葛亮の北伐による国力の消耗を回復することに努めたのである。

諸葛亮の軍事的後継者となった姜維の意見は異なる。蜀漢が国力の回復に努めれば、地力に勝る曹魏に国力を増すはずである。そうなれば勝ち目はない。一時の安逸をむさぼるべきではなく、決戦を挑むべきである。費禕が死去すると、姜維は曹魏への進攻を始める。

しかし、諸葛亮の蜀漢内部には反対論が根強かった。姜維の北伐には、諸葛亮のような配慮がなかったためである。諸葛亮は、北伐の前に南征を行い、軍に必要な資材を整え、益州が疲弊しないように努力した。しかし、姜維は諸葛亮に及ばない。そこまでの配慮も行政能力も持ち合わせていなかった。姜維は次第に政権内で孤立していく。

そんな姜維を支えたものが、曹魏から亡命してきた夏侯覇であった。夏侯覇は、夏侯淵の子であるが、曹爽と親しかったため、曹爽が司馬懿に殺害された正始の政変の後、司馬氏を避けて蜀漢に亡命した。こうした場合、家族は誅殺されるが、夏侯淵の勲功に免じて、楽浪郡に流されただけであった。

石陣八陣
諸葛亮が考案したという八陣を模した遺跡。

第二六回　司馬氏の台頭

魏ノ李豊、数〻魏主ノ所ニ召サル。司馬師リテ其ノ議スルコトヲ知リ、已ニ之ヲ殺ス。魏主不平、左右ヲカタラヒテ誅センコトヲ勧ム。師。魏主不敢テ発セス、師廃スル魏主ヲ僭レ位スルコト十六年。改元者二、曰ク正始・嘉平一。師迎ヘ立ツ高貴郷公一、是レ為三廃帝一。名髦、文帝之孫ニシテ、明帝之姪ナリ。年十四ニシテ即ク位ニ。

揚州都督毌丘倹・刺史文欽、起レ兵討ツ司馬師ヲ一。師撃チテ敗ル之ヲ。師卒ス。弟昭為ニ大将軍一、録ニ尚書事一。已ニシテ為ニ大都督一、仮ニ黄鉞一。揚州都督諸葛誕、起レ兵コシテ討レ昭ヲ。昭攻メ殺ス之ヲ。昭為ニ相

高貴郷公　高貴は邑の名。今の河北省にあった。郷公は、王の庶子の封爵の名。
文帝　曹丕の諡。
明帝　丕の子、叡の諡。

仮黄鉞　「黄鉞」は黄金で飾った大斧。天子の征伐に用いるもので、都督の持つべきものでないから、仮るという。

三 国、晋公ニ封ゼラル。九錫ヲ加フレドモ受ケず。

【書き下し】 魏の李豊 数〻魏主の召す所と為る。司馬師 其の己を議することを知りて之を殺す。魏主 平かならざれば、左右 師を誅せんことを勧む。魏主 敢て発せず。師 魏主を廃す。位を僭することを十六年。元を改むる者二、正始・嘉平と曰ふ。師 高貴郷公を迎立す、是れ廃帝為り。名は髦、文帝の孫にして、明帝の姪なり。年十四にして位に即く。揚州都督の毌丘倹・刺史の文欽、兵を起こして司馬師を討つ。師 撃ちて之を敗る。師 卒す。弟の昭 大将軍と為り、尚書の事を録す。已にして大都督と為り、黄鉞を仮にせらる。揚州都督の諸葛誕、兵を起こして昭を討つ。昭 之を攻め殺す。昭 相国と為り、晋公に封ぜらる。九錫を加ふれども受けず。

【現代語訳】 魏の李豊はしばしば魏主（曹芳）に召されて（何か密談して）いた。司馬師はそれが自分（を除くため）のことを話し合っていると知って豊を殺した。魏主は心中穏やかでなく、左右の者は師を誅するよう勧めた。魏主は実行しかねていた。師は（機先を制して）魏主を廃して（斉王と）した。魏主は位を僭称することは十六年、元号を改めること二回、正始・嘉平という。師は高貴郷公（曹髦）を迎えて立てた、これが廃帝である。名は髦といい、文帝の孫であり、明帝の甥に当たる。十四歳で即位した。魏の揚州都督の毌丘倹と揚州刺史の文欽が、兵を起こして司馬師を討った。師が撃ちこれを破った。師が亡くなった。弟の司馬昭が大将軍となり、尚書の政務を総覧した。しばらくして大都督となり、（天子の持つべき生殺与奪の権を象徴する）黄鉞を仮りに与えられた。揚州都督の諸葛誕は、兵を起こして昭を討った。昭はこれを攻め殺した。昭は相国となり、晋公に封建された。九錫をたまわったが受けなかった。

解説・鑑賞

●司馬氏の専制

明帝の遺詔を受けた曹爽による反名士政策に対して、司馬懿はクーデタを起こす。正始の政変である。皇帝の曹芳が明帝の高平陵へと墓参するための外出に、曹爽は兄弟とともにお供として従った。司馬懿は、この隙を見逃さなかった。郭皇太后に曹爽兄弟の解任を上奏し、許可されると皇太后の令により、洛陽城内のすべての城門を閉鎖、皇帝直属の軍隊である禁軍の指揮権を掌握した。さらに皇帝を迎えるため、洛水のほとりに布陣し、曹爽を弾劾する上奏文を皇帝に奉った。

曹爽の腹心である桓範は、決戦を主張したが、免官のみに止めるという甘言に負けた曹爽は、戦わずして降服、司馬懿はわずか一日の無血クーデタにより、政権を奪取したのであった。結局、曹爽との約束は、反故にされた。曹爽・何晏らは殺され、以後、反司馬氏勢力の排除は続き、司馬氏への権力集中が進む。

司馬懿への抵抗がまったく無かったわけではない。王凌の乱はその一つである。董卓を打倒した司徒王允の甥にあたり、司馬懿の兄である司馬朗の旧臣である。王凌は曹爽に見込まれて、その大将軍長史(曹爽の大将軍府の属官の長)に就いており、それへの報復を恐れたのであろうか。曹氏一族の曹彪を擁立して、皇帝の曹芳もろとも司馬懿を亡き者にしようと試みたのである。計画は密告され、王凌は処刑された。曹魏の朝廷は、完全に司馬懿に制圧されたのである。

嘉平三(二五一)年、司馬懿が死去すると、長子の司馬師が撫軍大将軍・録尚書事として、父の地位を継承した。地位を盤石にするため司馬師は、曹爽一派でありながら生き延びた夏侯玄を評価していた李豊を陥れ、夏侯玄を除くこと目指す。夏侯玄と李豊を処刑したのである。さらに、その陰謀に皇帝の曹芳が関わったと言い立て、郭皇太后を脅かして皇帝の廃位させた。皇帝の廃立をも欲しいままにする司馬師の専断に、寿春に駐屯していた鎮東将軍の毌丘倹は激怒した。毌丘倹は、明帝の恩寵を受けていた。かつて曹爽に厚遇されていた文欽も加わっ

た反乱に対して、司馬師は自ら軍を率いてこれを平定した。しかし、戦いの最中に病が悪化し、自らも死去したのである。

司馬師の死後、兄の地位を弟の司馬昭が継ごうとするところが、新皇帝の曹髦は、司馬師のもとに駆けつけた司馬昭にそのまま許昌に止まるように命じ、尚書の傅嘏（ふか）に軍を率いて洛陽に帰らせようとした。司馬昭と軍を切り離そうとしたのである。しかし、傅嘏は皇帝の命を無視して洛陽に帰還、皇帝を脅かし、兄と同じ大将軍・侍中・都督中外諸軍事・録尚書事に任命された。こうした司馬昭の専横に対し、諸葛誕（しょかつたん）が寿春で抵抗する。諸葛誕が孫呉に援助を求めたため、司馬昭は孫呉とも戦いながら、諸葛誕を平定、殺害した。諸葛誕の部下の数百人は、諸葛誕の恩を思い、最後まで降服を拒否したので斬刑に処された。凄惨な最期であった。

黄河と孟津大橋
洛陽郊外の黄河にかかる孟津大橋。河川改良工事により黄土が除かれている。

第二七回　孫氏の衰退

呉主亮親ラ政ヲ視ル。数ミ中書ニ出デ、太帝ノ時ノ旧事ヲ省シテ、生梅ヲ索メ蜜ニ有リ、鼠矢ヲ召ス。蔵吏ヲ問ヒテ曰ク、黄門従リ蜜ヲ求メシモ、吏曰ク、向ニ求ムト敢テ与ヘズ、黄門不レ服、鼠矢ヲ破ラ令メ、矢中燥ク、因リテ大笑シテ曰ク、若シ矢先ニ蜜中ニ在ラバ、中外倶ニ湿ハン、今外湿ヒ内燥ク、必ズ黄門ノ所為ナラント、詰之果シテ服セリ。大将軍孫綝、其ノ多ク左右驚慄ス。所ヲ以テ、難問スル疾ト称シテ朝セズ、兵ヲ以テ宮ヲ囲ミ、亮ヲ廃シテ為ニ会稽王トシ、瑯邪王休ヲ迎立ス、綝又新君ニ礼無キヲ以テ、遂ニ丞相ト為ス、綝被誅セル。

太帝　太皇帝のこと。呉主孫権の諡。

旧事　先例のこと。

鼠矢　「矢」は糞。

黄門　宦官の異称。後漢の時、宦官に宮門を監視させてからの称である。宮城の小門は黄色に塗ってあるのでこの名がついた。

【書き下し】

呉主の亮、政を親らす。数〻中書に出でて、太帝の時の旧事を視る。嘗て生梅を食ひて蜜を索む。蜜中に鼠矢有り。蔵吏を召して問ひて曰く、「黄門、爾より蜜を求めしか」と。吏曰く、「向に求めしも敢て与へざりき」と。黄門服せず。鼠矢を破らしむ。矢中燥く。因りて大笑して曰く、「若し矢先より蜜中に在らば、中外倶に湿はん。今外湿ひ内燥く。必ず黄門の為す所ならん」と。之を詰れば果たして服せり。左右驚き慄く。大将軍の孫綝、其の難問する所多きを以て、疾と称して朝せず。兵を以て宮を囲み、亮を廃して会稽王と為し、瑯邪王の休を迎立す。休立ち、綝を以て丞相と為す。綝又新君に礼無し。遂に誅せらる。

【現代語訳】

呉主の孫亮は、政治を自ら行ない、しばしば中書省に出向いて、太帝（孫権）の時の旧事を調べた。あるとき生梅を食べたが（酸味を和らげるため宦官に）蜜を持って来させた。蜜の中には鼠の糞があった。そこで蔵役人を召して、「宦官がお前に蜜を求めたことがあったか」と尋ねた。役人は、「前に求められましたが与えませんでした」と答えた。（宦官を問い糺したが）宦官は白状しなかった。そこで鼠の糞を割らせた。糞の中は乾いていた。それにより亮は大笑いをして、「もし糞が前から蜜の中にあれば、中も外も湿っているはずである。いま外は湿っているのに中は乾いている。必ず宦官の仕業に違いない」と言った。宦官を詰問すると、果たして罪に服した。左右の近臣は（亮の明察に）驚き震えあがった。大将軍の孫綝は、亮に難問されることが多いので、病気と称して参朝しなくなった。（やがて孫綝は）兵で宮中を包囲し、亮を廃して会稽王とし、瑯邪王の孫休を迎え立たせた。孫休が即位すると、孫綝を丞相とした。綝はまた新君（孫休）にも無礼であった。こうして誅殺された。

建業の石頭城

解説・鑑賞

●二宮事件

孫権の皇太子である孫登は、赤烏四（二四一）年に死去し、王夫人の子である孫和が皇太子とされた。ところが、王夫人は孫権の娘である全公主と不和なため迫害され、全公主のせいで孫権への寵愛も衰えてしまう。その後、孫和の同母弟である魯王孫覇が、皇太子の地位を狙うようになった。ここから二宮事件と呼ばれる、皇太子孫和と魯王孫覇の後継者争いが始まったのである。

丞相の陸遜は、名士の価値基準である儒教的理念に基づき皇太子を正統とし、江東名士の多くもこれに賛同した。しかし、魯王派は、孫権の寵愛を背景に強力であった。結局、孫権は、喧嘩両成敗の形を取って皇太子孫和を廃すとともに魯王孫覇を殺害し、晩年の子である孫亮を皇太子とした。

直接、後継者争いに関わりを持っていた太子太傅の吾粲や朱拠、あるいは魯王派の楊竺は、孫権に責任を問われて殺された。それだけではない。孫呉を支えてきた丞相の陸遜は、甥の顧譚・顧承や姚信らが、みな皇太子の懐刀になっていると言いがかりをつけられ、幾度も使者を派遣されたので、憤りで体調を崩して死去したのである。

二宮事件は、陸遜を筆頭とする江東名士に大きな打撃を与えたが、その背景には、孫氏と江東名士との確執の根深さがある。陸遜の死は、江東名士に孫呉への失望感を与えるのに十分であった。孫権の君主権力強化策は失敗におわり、孫呉はいつ滅亡してもおかしくない政権になり下がったのである。

●亡国の君主

亡国の君主は、悪い話題にこと欠かない。呉の最後の皇帝となった孫晧も、例外ではない。名士の殺害と身分の卑しい者の寵用、官僚へのスパイを任務とする校事官の設置などその悪行は枚挙にいとまがない。しかし、即位前の孫晧は、文学的才能にあふれる有能な人物であった。即位直後も、宮女を妻のない者に嫁がせ、武昌に遷都して中央軍の強化を図るなど、着々と中央集権化の施策を実行していた。どうして暴君となり、滅亡を自ら招

いてしまったのであろう。即位前の才気溢れる孫晧と、即位後の「暴君」孫晧の姿には、腑に落ちないほどの違いがある。

滅亡の際、孫晧が臣下に示した書簡の中には、ここに至るまでの孫晧の思いが凝縮されている。そこには、身分の卑しい者や校事官を寵用したことへの反省など、自らの悪行への謝罪が連ねられている。最後に名士に、心置きなく西晋に仕えるべきことを助言している。「孫呉への忠誠心などを発揮せずに、新天地でその能力を十分に発揮して欲しい」と。書簡には、才能を持ちながら君主権力の強大化のための方策がなく、名士のあり方も正確に理解できず苦しむ、孫晧のやるせない気持ちがにじみ出ている。

名士を弾圧しきれなかった者は、孫晧だけではない。孫晧が「大皇帝」と尊ぶ孫権ですら、張昭を屈伏させられなかった。それほどまでに名士は勢力を拡大し、君主は、もがいてももがいても国家を建て直すことはできなかった。国家の滅亡を他人事のように見つめる孫晧の醒めた視線の彼方には、中国貴族制が映し出されていたのである。

孫氏系図

第二八回　皇帝の挙兵

魏主髦見威権日去、不勝其忿。
曰、司馬昭之心、路人所知也。率
殿中宿衛・蒼頭・官僮、鼓譟出、欲
誅昭。昭之党賈充、入与魏主戦、
成済抽戈刺魏主髦、殞于車下。
追廃為庶人。僭位七年、改元者
二、曰正元・甘露。
司馬昭迎立常道郷公璜。是為魏
元皇帝。常道郷公元皇帝、初名璜、
燕王宇之子、操之孫也。年十五即
位。改名奐。

忿　いきどおること

宿衛　殿内の宿直護衛の士

蒼頭　雑兵や奴隷の類。青い頭巾で頭を包むのでこういう。

官僮　官庁の給仕のこと

殞　ここでは車から落ちる意と死ぬ意を兼ねている

追廃　死んだ後に帝位を廃すこと

【書き下し】魏主の髦、威権 日に去るを見、其の忿に勝へずに曰く、「司馬昭の心は、路人も知る所なり」と。殿中の宿衛・蒼頭・官僮を率ゐて、鼓譟して出で、昭を誅せんと欲す。昭の党たる賈充、入りて魏主と戦ひ、成済 戈を抽いて魏主の髦を刺し、車下に殞つ。追廃して庶人と為す。僭位すること七年、元を改むる者二、正元・甘露と曰ふ。

司馬昭、常道郷公の璜を迎立す。是れ魏の元皇帝為り。常道郷公元皇帝、初めの名は璜、燕王の宇の子、操の孫なり。年十五にして即位す。名を奐と改む。

【現代語訳】魏主の曹髦は、(皇帝の)権威が日ましに衰えるのを見て、その怒りに耐えられずに、「司馬昭の(帝位を奪おうとする下)心は、道行く人でも知っている」と言った。殿中の宿衛の士、奴隷や童僕などを率いて、太鼓を叩き大声をあげて討って出て、昭を誅殺しようとした。昭の党人である賈充は、(宮中に)入って魏主と戦い、(賈充の部下の)成済が戈を抜いて魏主の髦を刺し、(魏主は)車から転げ落ちて死んだ。昭はこれを追廃して庶人とした。(魏主曹髦は)位を僭称すること七年、改元すること二回、正元・甘露という。これが魏の元皇帝である。

司馬昭は常道郷公の曹璜を迎えて立てた。常道郷公元皇帝は、初めの名を璜といい、燕王の曹宇の子で、曹操の孫である。年十五歳で即位し、名を奐と改めた。

曹騰——曹嵩——曹操——武帝
      ├ 丕 ①文帝
      │ └ 叡 ②明帝
      ├ 彰 ── 楷 ── 霖 ── 髦 ④高貴郷公
      │   └ 芳 ③斉王
      └ 宇 ── 奐 ⑤元帝

曹氏系図

解説・鑑賞

● 皇帝弑殺

司馬昭と皇帝曹髦との対立は、皇帝自らの武力抵抗という珍しい形で決着した。皇帝の権力が奪われることへの不満を爆発させた曹髦は、自ら剣を抜き、司馬昭がいる大将軍府をめざした。立ちはだかる者は賈充である。賈充は、ひるむ部下に「公（司馬昭）がお前たちを養っているのは、まさに今日のためだ」と督励し、曹髦を殺害させた。前代未聞の皇帝殺害に対して、陳羣の子である陳泰は、賈充の処刑を主張した。しかし、それすらかなわないほど、司馬昭の権力は絶対的なものとなっていたのである。

● 君無道

司馬昭は皇帝の曹髦を殺害したのち、その母の郭皇太后に詔を出させ、「不孝」な曹髦は皇帝の地位には居れないとして、皇帝殺害を正当化する。しかし、それは、あくまで郭皇太后を介してのものであり、西晋を建国すると無関係になる郭皇太后を介しての正当化は、無意味となる。司馬昭の皇帝弑殺の正当化は、西晋の安定的な国家支配にとって重要な意味を持つことなのである。

ここに登場するものが杜甫の遠い祖先にあたる杜預である。杜預は、孫呉を滅ぼす武将であるとともに、『春秋左氏伝』に注を付けた学者でもあった。杜預は、司馬昭の皇帝弑殺を正統化するため「書弑例」という義例を用意する。『春秋左氏伝』には、君主が弑殺された記録が多く現れる。そのうち、君主が無道で名が記された七例に対して「君主であっても無道であれば、弑殺される」という注を杜預は繰り返し付けている。その根拠は、周公の「凡例」にある。『春秋左氏伝』宣公伝四年に、「凡そ君主を弑殺するときに、君主の名を〈『春秋』の本文が〉書いている場合は、君主が無道なのである。臣下の名を書いている場合は、臣下の罪である」と伝が付けられているのである。杜預は、この「凡例」を論拠に、君主が無道な場合には弑殺してもよいことを周公が承認している、とすることにより、司馬昭による「無道」な皇帝曹髦の弑殺を正当化したのである。すなわち、杜預は、漢を正統化していた孔子に代わって、周公により司

馬昭の皇帝殺害を「君無道」のための弑殺として正当化することを通じて、司馬昭の、ひいては西晋の正統性を『春秋左氏経伝集解』において高らかに宣言したのであった。

杜預が正統化した西晋は、杜預自身の活躍もあり孫呉を平定、二八〇年に中国を統一する。ところが、武帝の子である恵帝の暗愚を背景に、やがて八王の乱が勃発する。乱の最中、趙王の司馬倫は帝室内で革命を起こし、恵帝を廃位して皇帝に即位した。皇帝となった司馬倫に対して、斉王の司馬冏・成都王の司馬穎・河間王の司馬顒が挙兵する。その際、司馬穎の軍師であった盧志（盧植の曾孫）は、「趙王は無道なので弑殺してもかまわない」と進言している。杜預による皇帝弑殺の正当化は、中国を大きな分裂へと導いていく経典解釈だったのである。

張遼像
曹魏と孫呉の激戦の地である逍遥津は、現在の合肥市内の中心部にあたる。逍遥津公園には、活躍した張遼の像がある。

第二九回　季漢の滅亡

漢ノ姜維度々魏ヲ伐ツ。司馬昭之ヲ患ヒ、遺ムニ
鄧艾・鍾会ヲシテ兵ヲ将キテ寇ニ入ラシム。会斜谷・
駱谷・子午谷ニ趨キ、艾狄道ヨリ
趨キ甘松・沓中ニ以テ姜維ヲ綴キノ
已ニ漢中ニ入リシト、引キ兵ヲ従ニ沓中ニ還ル。艾追フ
躡之シテ大戦。維敗走シ、還リテ剣閣ヲ守リ以テ
拒ム会。艾進ミテ陰平ニ至リ、行クコト無人之
地七百里、鑿チテ山ヲ通ジ道ヲ、造作橋閣ヲ。
山高谷深、艾以テ氈ヲ自裏ミ、推転而下ル。
将士皆攀ヂ木縁リ崖、魚貫而進ム。至リ
江油ニ以テ書ヲ誘フ漢将諸葛瞻ヲ。瞻斬リ
其ノ使ヲ、列シテ陣ヲ綿竹ニ以テ待ツ。敗績シ、漢ノ将

斜谷・駱谷・子午谷　いずれも陝西省にあり、蜀の要害の地であった。
狄道　甘粛省の県名。
沓中　甘粛省の地名。
綴　敵軍を引きつけて自由にさせないこと。
追躡　後から追いかけること。
剣閣　四川省北部の地名。蜀の北門。
陰平　今の甘粛省と四川省の北境にあった郡名。
魚貫而進　魚をつらねて串にさしたように一列になって進むこと。
江油　四川省の郡名。
綿竹　四川省の地名。

軍諸葛瞻死_レ_之。瞻子尚曰、父子荷_二_国重恩_一_、不_レ_早斬_二_黄皓_一_、使_レ_敗_レ_国殄_レ_民。用生何為。策_レ_馬冒_レ_陳而死。

黄皓　劉禅に寵愛されて中常侍となった宦官。専横を極め漢国の亡びるもとを作った。

陳　陣と同じ。

【書き下し】

漢の姜維度々魏を伐つ。司馬昭之を患ひ、鄧艾・鍾会をして、兵を将ゐて入寇せしむ。会は斜谷・駱谷・子午谷より漢中に趣き、艾は狄道より甘松・沓中より還る。艾之を追躡して大いに戦ふ。維敗走し、還りて剣閣を守り、以て会を拒ぐ。艾進みて陰平に至り、無人の地を行くこと七百里、山を鑿ちて道を通じ、橋閣を造作す。山高く谷深ければ、艾氈を以て自ら裹み、推転して下る。将士も皆木に攀ぢ崖に縁り、魚貫して進む。江油に至る。書を以て漢の将たる諸葛瞻を誘ふ。瞻其の使を斬り、陣を綿竹に列して以て待つ。敗績し、漢の将たる諸葛瞻之に死す。瞻の子たる尚曰く、「父子国の重恩を荷ふも、早く黄皓を斬らず、国を敗り民を殄せしむ。用て生くるも何をか為さん」と。馬に策ち陳を冒して死す。

【現代語訳】

漢の姜維はたびたび魏を征伐した。司馬昭はこれを患い、鄧艾と鍾会に、兵をひきいて攻め込ませた。鍾会は斜谷・駱谷・子午谷から、漢中に進み、鄧艾は狄道から甘松・沓中に進んで、姜維の軍を牽制した。姜維は鍾会がすでに漢中に入ったと聞くと、兵を引きまとめて沓中から還ろうとした。鄧艾はこれを追跡して大いに戦った。姜維は敗走し、帰って剣閣を守り、鍾会の軍を防いだ。（一方）鄧艾は進んで陰平に至り、無人の地を行くこと七百里、山をうがち道を通じ、桟道を架設し（て進軍し）た。山が高く谷も深く（道のつけられないところでは）、鄧艾は毛氈で自分の体を包み、（人に）推させて転がるようにして下りた。将士もみな木に攀じのぼり崖にすがり、魚を串刺しにしたように（一列になって）進んだ。（かくして）江油に至った。書簡により漢の将軍である諸葛瞻（亮の子）を誘っ（て降服させようとし）た。瞻は（怒って）その使者を斬り、陣を綿竹に張って敵を待った。（しかし）敗北し、漢の将軍である諸葛瞻はここに死去した。瞻の子である諸葛

尚は、「（わたしども）父子はともに国家の重恩を蒙りながら、早く黄皓を斬らなかったため、国を敗亡させ民を絶やした。もはや生きても何の甲斐があろうか」と言った。馬にむちうち敵陣に斬り入って戦死した。

剣門閣
剣門閣（剣閣）は、蜀漢滅亡時に姜維が立てこもって鍾会を防いだ要害である。

蜀の桟道
諸葛亮が北伐の際、兵糧の運送に苦しんだ蜀の桟道は、絶壁に丸太を打ちこんでそれを土台に架けた橋である。

136

解説・鑑賞

● 忠義を尽くす

炎興元（二六三）年、曹魏の武将である鄧艾・鍾会に率いられた軍が、蜀漢へと侵攻した。蜀漢は、廖化を沓中（とうちゅう）に駐屯する姜維の支援に、張翼と董厥を陽平関の守備に派遣し、漢中の兵を漢城と楽城に集め、それぞれ兵五千で守らせた。

これに対して、鍾会は長安で軍を二手に分け、荀愷（じゅんがい）と李輔に漢城・楽城を攻撃させる一方で、自らは陽平関に向かう。また、鄧艾が姜維を攻撃すると、姜維は撤退し、追撃する鄧艾軍に破られながらも、魏の諸葛緒軍の探索を逃れて、陰平郡を経へ、白水で張翼と董厥の軍に合流、蜀への入り口である剣閣（けんかく）を死守した。

漢中を制圧した鍾会は、剣閣を守る姜維に対する攻撃に全力を注ぎ、後から合流した諸葛緒から軍勢を奪い、戦いを前に恐れていたとの理由により諸葛緒を送還する。しかし、姜維が守る剣閣を落とすことはできず、兵糧も尽きかけ、撤退を検討していた。

一方、鄧艾は、剣閣を通らず、険峻な山谷を突破して陰平郡より無人の地を七〇〇里あまり（約三〇〇km）にわたって行軍していた。山には穴を開けて道を通じ、川には橋をかけ、谷では羊毛にくるまって転げ落ち、江由（こうゆう）県まで到着、守将の馬邈を降服させた。

いきなり現れた鄧艾軍に対して、劉禅は、諸葛亮の子諸葛瞻を派遣して、綿竹を死守させた。諸葛瞻は、子の諸葛尚とともに父祖の名に恥じない戦いをし、季漢に忠義を尽くしたのちに陣没する。鄧艾が軍を進めて雒県に到着すると、劉禅は譙周（しょうしゅう）の勧めに従い降服した。

そのとき姜維は、なお剣閣を死守しており、蜀漢の兵士は石に斬りつけて降服を悔しがったという。姜維は、鍾会の野心を操り、最後まで季漢の再興を目指したが、鍾会もろとも殺害された。

第三〇回　魏晋革命

漢人不意、魏兵卒(にはか)に至る。城守を為さず。乃ち使をして璽綬を奉じて艾の降に詣らしむ。皇子北地王諶(しん)怒りて曰く、若し理窮まり力屈し、禍敗将に同に及ばんとせば、便ち当に父子君臣、城を背にして一戦し、同に社稷に死して以て先帝に見ゆ可きなり。奈何ぞ降らんとするや。帝聴かず。諶昭烈の廟に哭し、先づ妻子を殺して後自殺す。艾成都に至り、帝出降す。魏封じて安楽公と為す。帝位に在ること四十一年、改元する者四、曰く建興・延熙・景耀・炎興。右高帝元年乙未より、後帝劉禅炎興癸未に至るまで、凡そ二十六帝、通じて四百六十九年にして漢亡ぶ。

璽綬　天子の印とその組み紐。

北地王　北地は甘粛省の地名。

社稷　社は土地の神、稷は穀物の神。国は土穀によって人を養うから、社稷は国家の意味となる。

安楽公　爵位の名。「公」は臣下が受ける五等爵の最上位である。

呉主休殂す。諡して景皇帝と曰ふ。兄の子烏程侯皓立つ。

魏の司馬昭、先に是れ已に九錫を受く。已にして進みて爵を晋王と為る。昭卒し、子炎嗣ぐ。魏主奐僣位すること六年、元を改めて曰く景元・咸熙。炎迫りて魏主をして禅位せしめ、封じて陳留王と為す。後卒して、晋人之を諡して曰く元。魏曹丕より是に至るまで凡そ五世、四十六年にして亡ぶ。

漢亡びて後、又甲申を歴て正統一年なりき。

烏程　浙江省の県名。

禅　天子の位をゆずること。

【書き下し】

漢人、魏兵の卒に至るを聞はか意はず、城守を為さず。乃ち使を遣はして璽綬を奉ぜしめ、艾に詣りて降る。皇子の北地王たる諶、怒りて曰く、「若し理窮まり力屈して、禍敗将に及ばんとせば、便ち当に父子君臣、城を背にして一戦し、同に社稷に死して、以て先帝に見えて可なるべし。奈何ぞ降らん」と。帝聴かず。諶、昭烈の廟に哭し、先づ妻子を殺して後に自殺せり。艾成都に至り、帝出でて降る。魏封じて安楽公と為す。帝位に在ること四十一年、元を改むる者四、建興・延熙・景耀・炎興と曰ふ。右高帝の元年乙未より、後帝劉禅の炎興癸未に至るまで、凡て二十六帝、通じて四百六十九年にして漢亡ぶ。

呉主の休殂す。諡して景皇帝と曰ふ。兄の子たる烏程侯の皓立つ。

魏の司馬昭、是より先巳に九錫を受く。巳にして爵を進めて晋王と為る。昭卒し、子の炎嗣ぐ。魏主の奐、僭位すること六年、元を改むること二、景元・咸熙と曰ふ。炎魏主に迫りて位を禅らしめ、封じて陳留王と為す。後卒す。晋人之に諡して元と曰ふ。魏曹丕より皇に至るまで凡そ五世、四十六年にして亡ぶ。

漢亡びてより後、又甲申を歴て、正統を闕くこと一年なりき。

【現代語訳】

漢の人々は魏の兵が急にやってくるとは思わず、城の守りをしていなかった。そこで(帝は)使者に璽綬を持たせ、鄧艾のところに行って降服した。皇子の北地王である劉諶は大いに怒り「もし道理が行き詰まり力が尽き果てて、(国家に)禍害敗北が及ぼうとした際には、父子君臣は城を背に一戦し、こぞって国家のために討ち死にして、先帝に見ゆべきでありましょう。(それなのに)どうして降服するのです」と諌めた。帝は聞き入れなかった。劉諶は昭烈帝の廟で大声を挙げて泣き、まず妻子を殺して後に自殺した。鄧艾が成都に至ると、帝は宮城を出て降服した。魏は封建して安楽公とした。帝は在位すること四十一年、改元すること四回、建興・延熙・景耀・炎興という。このように高帝の元年乙未から、後帝劉禅の炎興元年癸未に至るまで、合計で二十六帝、通計して四百六十九年で漢は滅亡した。

呉主の休がなくなった。諡して景皇帝という。兄の子である烏程侯の孫皓が立った。

魏の司馬昭は、これより先すでに九錫を受けていた。しばらくして爵位を進めて晋王となった。昭が卒すると、子の司馬炎が嗣いだ。魏主の曹奐は、帝位を僭称すること六年、元号を改めること二回で、景元・咸熙という。炎は魏主(の曹奐)に迫って位を禅らせ、封建して陳留王とした。後に亡くなった。晋人はこれに諡して元とした。魏は曹丕からここに至るまで合計で五世、四十六年で滅亡した。

漢が(癸未の年に)滅亡してから、さらに甲申の年を歴て(乙酉の年に晋が起こるまで)、正統を闕くこと一年間であった。

解説・鑑賞

● 西晋の成立

　西晋を建国した司馬炎は、字は安世といい、河内郡温県の人で、司馬懿の孫、司馬昭の子にあたる。咸熙二（二六五）年、禅譲の準備を終えたことを待つように、父の司馬昭は死去すると、司馬炎は、曹魏最後の皇帝となる曹奐より禅譲されて皇帝として即位した。

　司馬炎は、即位を天に報告する告代祭天文の中で、魏晋革命の正統性を伝説上の帝王である堯→舜→禹の禅譲に、漢→魏→晋の禅譲を準えることに求めている。曹魏が舜の後裔で土徳を継承するのであれば、その禅譲を受ける西晋は、禹の後裔で金徳の国家となる。漢魏革命でも利用された五行相生の考え方により、西晋の建国を正統化したのである。

　司馬炎が儒教に基づいて曹魏から禅譲を受けたのは、儒教に対抗する文化として文学を宣揚した曹操、老荘を尊んだ曹爽に対して、司馬懿以来、儒教を中心とした名士の価値基準を守ることで司馬氏への支持を集めてきたためである。したがって、司馬氏を支持した貴族たちは、儒教の経典の解釈を変更してまで、司馬氏の行為を正当化しようとした。司馬師が皇帝を廃立すると、司馬昭を正当化した。司馬炎は、王粛の娘を嫁がせている王粛は、『孔子家語』を著して、孔子の娘を利用して司馬師の行為を正当化した。司馬昭の娘の子にあたるため、西晋では儒教の経典は王粛の解釈（曹魏では、鄭玄の解釈が中心）に基づくことになった。また、司馬昭の娘を娶っている杜預は、『春秋左氏経伝集解』を著して、君主が無道な場合には臣下が弒殺してもかまわないという周公の凡例を論拠に、司馬昭による皇帝の弒殺を正当化したのである。

　このため、司馬炎は、西晋の国政を運用していく上でかれらの意向を尊重せざるを得なかった。孫呉の討伐が遅れた理由は、貴族の間が孫呉討伐派と慎重派に分かれて争っていたためである。孫呉の討伐に反対していた者は、賈充を代表とする。賈充は、司馬炎の弟の司馬攸だけではなく、司馬炎の子の司馬衷にも娘を嫁がせている権臣であった。討伐推進派の羊祜や杜預が、しきりに孫晧の暴君化を伝えても、賈充の反対により、なかなか討呉を果たせない。最後には司馬炎が、賈充を孫呉討

141　第30回　魏晋革命

伐軍の総司令に任命し、賈充が行かないのであれば自分が行く、との決意を示すことにより、ようやく咸寧(かんねい)八(二八〇)年、孫呉を滅ぼして中国を統一、三国時代に幕を下ろしたのである。

```
司馬鈞 ── 量 ── 儁 ── 防 ┬ 朗
                      ├ 孚
                      ├ 馗
                      ├ 恂
                      ├ 進
                      ├ 通
                      ├ 敏
                      └ 懿 宣帝 ┬ 師 景帝 ┄ 攸← 養子
                               └ 昭 文帝 ┬ ①炎 武帝 ┬ ②衷 惠帝 ─ 遹 広陵王
                                        │          ├ 晏 呉王 ─ ④鄴 愍帝
                                        │          └ ③熾 懐帝
                                        └ 攸 斎王
```

司馬氏系図

付録　人物紹介

袁術　字は公路。汝南郡汝陽県の人。四世三公の名門袁逢の嫡子で、庶子の袁紹とは不仲。一時は権勢を誇り、孫堅を配下として、袁紹と二大勢力を形成した。寿春で即位したが、敗戦を繰り返し、惨めな最期を遂げる。

袁紹　字は本初。汝南郡汝陽県の人。四世三公の名門袁逢の庶子。曹操とは何顕を中心とするグループで旧知の仲。反董卓連合の盟主となり、冀州を拠点に公孫瓚を破って、河北を統一。官渡の戦いで曹操に大敗し、失意のうちに病没。

王允　字は子師。太原郡祁県の人。若くして「一日千里、王佐の才」と評価された後漢の司徒で、董卓暗殺の立役者として後世に名を残した。

賈詡　字は文和。武威郡姑臧県の人。董卓の死後、李傕と郭汜に長安を奪回させ、やがて張繡の軍師となる。劉表と結び、また知略により曹操を苦しめたが、その後、張繡を説得して曹操に降伏。馬超討伐では韓遂と馬超との仲を切り裂く離間の計を立案した。

郭嘉　字は奉孝。潁川郡陽翟県の人。袁紹の配下であったが、荀彧の推挙により曹操に仕える。官渡の戦いでは、袁紹の十の弱点を掲げて曹操に勝利の確信を進言し、曹操の子を分裂させ一気に滅ぼす策を献言し、曹操に最も寵愛された。

郭汜　董卓配下の校尉。董卓の横死後、李傕と残兵を率いて長安を攻め、王允を殺害して呂布を放逐、政権を奪取する。李傕との内紛の際、献帝に逃げられ、のち部下に殺された。

郝昭　字は伯道。太原郡の人。雲梯・井欄を用い、地突を行うなど様々な手段で攻撃してくる諸葛亮を、陳倉の守将として撃退した。

郭淮　字は伯経。太原郡陽曲県の人。夏侯淵の司馬として漢中で活躍。のち関中平定に功績があり、諸葛亮の北伐とも戦った。

夏侯淵　字は妙才。沛国譙県の人。夏侯惇の従弟。曹操挙兵時からの宿将。曹操挙兵時とは常に行動をともにし、定軍山で黄忠に斬られた。夏侯惇の従弟。曹操挙兵時からの宿将。曹操挙兵時からは猪突猛進ぶりを曹操から諫められていた。曹操の心配どおり、定軍山で黄忠に斬られた。

夏侯惇　字は元譲。沛国譙県の人。曹操挙兵時からの腹心で、乱戦の中片目を失った。専ら後方補給と本拠地の守備を担当する、曹操の信頼が最も厚い武将であった。曹丕が即位すると大将軍となり最高位に就いた。

賈充　字は公閭。平陽郡襄陵県の人。魏の高貴郷公曹髦が司馬昭から奪回しようとした際、成済に命じて皇帝を弑殺させた。西晉司馬炎の佐命の功臣となり、娘は恵帝の皇后となった。

何進　字は遂高。南陽郡宛県の人。霊帝の皇后である何氏の兄。宦官誅滅を謀ったが、事前に察知した中常侍の張譲たちに宮中におびきよせられ、殺害された。

関羽　字は雲長。河東郡解県の人。劉備の宿将で、兄弟同然の仲。曹操に捕らわれても劉備への忠誠を捨てず、劉備のもとへ帰参した。赤壁の戦いの後、荊

州を守備したが、配下の裏切りもあり、挟撃されて非業の最期を遂げた。

田丘倹（かんきゅうけん） 字は仲恭。河東郡聞喜県の人。曹魏の明帝の命を受けて、遼東の公孫淵を討伐したが、撤退、のち司馬懿の指揮下で公孫氏を滅ぼす功績があった。

韓当（かんとう） 字は義公。遼西郡令支県の人。孫堅に仕え、孫策の江東平定に功績があった。孫権のもと赤壁の戦いで活躍し、夷陵の戦いでも功績があった。

甘寧（かんねい） 字は興覇。巴郡臨江県の人。はじめ劉表の部将黄祖に仕えたが厚遇されず、周瑜の推薦で孫権に仕えた。曹操が濡須へ侵攻した際に、百名を率いて夜襲をかけ、曹操軍を混乱させた。

魏延（ぎえん） 字は文長。義陽郡の人。荊州より劉備に仕え、漢中都督に抜擢された。諸葛亮の北伐でも活躍したが、亮の死後、反乱を起こし馬岱に斬られた。

姜維（きょうい） 字は伯約。天水郡冀県の人。祁山に進出した諸葛亮に魏から帰順。諸葛亮の高い評価を受け、その死後、北伐を継承。蜀漢滅亡時には、鍾会をそその

かし、蜀漢の復活を試みるが殺害された。

許劭（きょしょう） 字は子将。汝南郡平輿県の人。人物鑑定に優れ、若き日の曹操を評価し「月旦評」と呼ばれた。毎月のはじめに人物評論を行い

許攸（きょゆう） 字は子遠。南陽郡の人。汝南郡の名声の場とする何顒グループで、袁紹・荀彧・曹操らと知り合い、袁紹の幕僚となった。官渡の戦いの際に、曹操に寝返り、烏巣襲撃を進言した。

献帝（けんてい） 劉協。後漢最後の皇帝。霊帝の中子で、九歳で即位する。しかし、朝政は董卓に握られ、強制されて長安に遷都する。洛陽に帰還したのち、曹操を頼って許に遷都したが、曹操の死後、魏王曹不に帝位を禅譲し、山陽公となった。

呉懿（ごい） 字は子遠。陳留郡の人。妹が劉備に嫁ぎ、皇后に立てられた（穆皇后）。諸葛亮の死後、車騎将軍として漢中を守った。

黄蓋（こうがい） 字は公覆。零陵郡泉陵県の人。孫堅・孫策・孫権の三代に仕えた。赤壁の戦いで火攻めを進言、偽降で曹操を欺き、

火のついた軍船を突撃させ勝利を得た。

黄皓（こうこう） 蜀漢を滅亡に追い込んだと言われる宦官。劉禅の寵愛を受けて実権を握り、姜維と劉禅との仲を裂いた。

公孫瓚（こうそんさん） 字は伯珪。遼西郡令支県の人。大儒の盧植に学んだが、学問よりも武力で身を立てた。劉虞を殺害して、幽州を支配。直属軍「白馬義従」の強さにより、袁紹を脅かしたが、界橋の戦いに敗れて滅亡した。

皇甫嵩（こうほすう） 字は義真。安定郡朝那県の人。黄巾の乱を平定した張角の弟である張梁・張宝を撃破して、黄巾の乱を平定した。

孔融（こうゆう） 字は文挙。魯国魯県の人。孔子の二十世孫で、「建安の七子」の一人。文章の名手。曹操を批判し殺害された。

司馬懿（しばい） 字は仲達。河内郡温県の人。曹操には警戒されたが、文帝の二十世孫で、明帝のとき諸葛亮の侵攻を防いで軍事権を掌握した。一時、曹爽に権力を奪われたが、正始の政変によって曹爽を打倒、権力を掌握した。

司馬炎（しばえん） 字は安世。西晉の武帝。河内

郡温県の人。司馬懿の孫。曹魏から禅譲され西晋を建国し、孫呉を滅ぼして、三国を統一した。暗愚な恵帝に皇帝位を継がせたため、八王の乱を招き、滅亡の原因をつくった。

司馬徽 字は徳操。潁川郡陽翟県の人。宋忠とともに荊州学を担い、また襄陽名士の中心でもあった。諸葛亮と龐統を劉備に推薦している。

司馬懿の長子。父にもまして、強力に権力掌握を進めた。曹爽の残党である夏侯玄らを誅殺し、皇帝を廃立。それに反発して挙兵した毌丘倹を自ら兵を率いて平定したが、その際に病死した。

司馬昭 字は子上。河内郡温県の人。司馬師の弟として兄の死後に曹魏の実権を掌握した。蜀漢を滅ぼした後、五等爵制を施行して、国家的身分制としての貴族制を成立させた。

周瑜 字は公瑾。廬江郡舒県の人。孫策・孫権に仕え、赤壁の戦いで曹操を撃退した立役者。揚州随一の名家の出身で、周郎(周のおぼっちゃま)と呼ばれ、美男子で音楽の素養もあった。稀代の名将であるが、早く亡くなった。

朱儁 字は公偉。会稽郡上虞県の人。黄巾の乱の平定に功績があり、董卓の長安遷都に反対した。のち李傕と郭汜の調停に失敗、死去した。

淳于瓊 字は仲簡。潁川郡の人。霊帝の設置した西園八校尉の一人として佐軍校尉となった。そののち袁紹の部下となり、官渡の戦いで烏巣を守ったが、曹操の奇襲に敗れた。

荀彧 字は文若。潁川郡潁陰県の人。何顒より「王佐の才」と評価された。袁紹より曹操に仕え直し、献帝推戴の方策、多くの人材の推挙、官渡の戦いにおける後方支援など勲功第一の働きをした。曹操の魏公就任に反対、自殺した。

荀攸 字は公達。潁川郡潁陰県の人。荀彧の甥。曹操の軍師として「奇策十二種」を立てたが、後世に伝わらなかった。

蒋琬 字は公琰。零陵郡湘郷県の人。諸葛亮の北伐では、軍需物資の供給につとめた。亮の死後、蜀漢の政権を担当し、大司馬に至った。

鍾会 字は士季。潁川郡長社県の人。鍾繇の子として神童と称され、司馬昭の腹心となって、蜀漢を征服した後、反乱を起こして殺害された。

諸葛誕 字は公休。琅邪郡陽都県の人。夏侯玄と親しく、明帝には免職されたが、曹爽政権下で、揚州刺史となった。のち、淮南を拠点に反乱を起こすが、司馬昭に平定された。

諸葛亮 字は孔明。司馬徽を中心とする襄陽グループで荊州学を学び、臥龍と称された。劉備の三顧の礼を受け出廬、草廬対を掲げて基本戦略を定めた。劉禅を輔佐し、出師表を捧げて北伐に赴くが、五丈原で陣没した。

徐庶 字は元直。若年のころは剣を得意としたが、一念発起して荊州学を学び、諸葛亮や崔州平と交友した。荊州で劉備に仕えたが、曹操に母を捕らえられ、やむなく曹操に仕えた。

曹叡 字は元仲。曹魏の第二代皇帝

（明帝）。曹丕（文帝）と甄皇后の子で、曹操に寵愛されていたが、母が誅殺されたため太子に立てられることが遅かった。諸葛亮が陣没すると、大規模な土木工事で国を疲弊させ、司馬懿を台頭させた。

曹真　字は子丹。曹邵（秦伯南）の子。幼少のころ、父が曹操の身代わりになったため、曹丕と共に育てられた。曹丕が即位すると、鎮西将軍となり、明帝のときに、大将軍として諸葛亮と戦った。

曹仁　字は子孝。曹操の従弟。曹操とともに挙兵し、騎兵を率いた。江陵で周瑜と戦った際には、配下の牛金を救出、樊城を関羽に包囲された時には、援軍が来るまで持ちこたえた。

曹操　字は孟徳。沛国譙県の人。祖父の宦官曹騰の財力と人脈により台頭。董卓を追撃して名士の注目を集め、荀彧らを配下に迎える。官渡の戦いで袁紹を破り華北を統一するが、赤壁の戦いで周瑜に大敗、天下統一は夢と消えた。

曹爽　字は昭伯。曹真の子。明帝に重用され、その死後、司馬懿を抑制しよ うとしたが、正始の政変で殺害された。

曹丕　字は子桓。曹操の子。魏王の位を継ぎ、献帝の禅譲を受け、曹魏の初代皇帝（文帝）となった。関羽に降伏した于禁を憤死させ、妻の甄皇后に命じるなど冷酷な性格も目立ち、後継者を争った曹植を圧迫した。

沮授　広平郡の人。袁紹に献帝の擁立を説くが、聞かれず、官渡の戦いのにには、郭図の讒言により監軍として権限を縮小された。

孫堅　字は文台。呉郡富春県の人。十七歳のとき、海賊退治で台頭。陽人の戦いで華雄を斬るが、名士を傘下に納めなかったため本拠地を保有できず、兵糧や軍勢を袁術に依存した。袁術の命で劉表を討ち、不慮の戦死を遂げる。

孫権　字は仲謀。兄孫策の後を嗣ぎ、周瑜・張昭ら名士を中心に据え、安定した政権を築く。赤壁の戦いの際、主戦を唱えた周瑜・魯粛・呂蒙が死去してからは、降伏を唱えた張昭の力が強くなって、君主権力の伸長をはかった。

孫晧　字は元宗。孫権の孫で、孫呉最後の第四代皇帝。即位当初は、積極的な中央集権政策を展開したが、その限界を知ったのちに暴君化、西晋に攻撃されると降伏、帰命侯に封建された。

孫策　字は伯符。孫堅の長子。父の死後、袁術の命で陸康を攻め、江東名士の中心である陸氏と対立関係を持つに至った。袁術から独立すると周瑜が合流し、江東における孫呉の基盤を築いた。しかし、支配は安定せず、暗殺された。

趙雲　字は子龍。公孫瓚から劉備に仕え直し、騎兵を指揮した。荊州で曹操に敗れた際には、阿斗（劉禅）を救出する。入蜀時には、諸葛亮と共に劉備を助け、漢中争奪戦では曹操の大軍を門を開けて迎え撃ち、劉備から称賛された。

張角　後漢末の太平道と呼ばれる宗教集団の指導者。御札と聖水による治病で勢力を伸長し、漢に代わる「黄天」の到来を掲げて、反乱を起こしたが、まもなく病没。乱もまた皇甫嵩・朱儁により平定された。

張郃 字は儁乂。はじめ袁紹に仕えたが、官渡の戦いの際に、曹操に降伏。街亭の戦いでは、馬謖を撃破した。のち、北伐より撤退する諸葛亮を追撃するよう司馬懿に命ぜられ、木門で戦死した。

張紘 字は子綱。広陵郡の人。戦乱を江東に避け、孫策に仕えて正議校尉となった。孫権にも仕え、秣陵への遷都を献策した。

趙咨 字は徳度。南陽郡の人。孫権が呉王に封建された際、曹魏への使者となり、曹丕の問いに君命を辱めずに答えた。

張昭 字は子布。彭城郡の人。孫策の丁重な招きに応じて配下となった。赤壁の戦いの際には、曹操への降伏を唱え、そのため孫権と対立した。それでも呉を代表する「名士」として尊敬を孫権に諫言を続けた。

貂蟬 『三国志演義』の創作人物。西施・王昭君・楊貴妃と共に、中国四大美人に数えられる。董卓と呂布とを仲たがいさせ、呂布に董卓を殺させる連環の計を行った、とされる。

張飛 字は益徳。涿郡の人。関羽とともに劉備の挙兵より従い、程昱に「一万人に匹敵する」と言われた猛将。荊州で曹操に敗れた時には、長坂橋に一人立ちはだかったという。関羽の仇討ちの準備中、部下に殺害された。

張翼 字は伯恭。犍為郡武陽県の人。諸葛亮に抜擢され、北伐で活躍し、諸葛亮の死後は、姜維の積極策に反対したが、それでも姜維とともに剣閣を死守した。鍾会の反乱の際、死去した。

張魯 字は公祺。漢中に勢力を張った五斗米道の教祖。益州を支配した劉焉とは良好な関係にあったが、その子劉璋とは断交した。のち、曹操が漢中を攻めると、降伏して鎮南将軍となり、その信仰を魏に伝えた。

陳宮 字は公台。東郡の人。黄巾と戦って刺史が戦死した兗州に、曹操を迎える。曹操が徐州で大虐殺を行うと失望し、呂布を兗州に引き込んで張邈とともに反乱を起こした。

陳羣 字は長文。潁川郡許昌県の人。荀彧の女婿。荀彧の後継者として順調に出世し、後継者争いでは、曹丕を支持した。曹丕が即位すると名士に有利な九品中正制度を献策した。

程普 字は徳謀。右北平郡土垠県の人。孫堅以来の宿将で、呉軍の最年長として尊重され「程公」と呼ばれた。赤壁の戦いでは、周瑜とともに全軍の最高指揮官に任命された。

董允 字は休昭。南郡枝江県の人。太子舎人として劉禅に仕え、その即位後は、黄門侍郎として劉禅をよく補導した。

鄧艾 字は士載。義陽郡棘陽県の人。司馬懿に見出され、運河を利用して屯田と輸送を両立させる策を献策した。鍾会とともに蜀漢を討ち成都を攻略したが、讒言により殺された。

陶謙 字は恭祖。丹陽郡の人。はじめ張温の部下であったが、黄巾討伐のため徐州刺史となった。のち曹操の攻撃を受け、民まで殺戮された。

鄧芝 字は伯苗。義陽郡新野県の人。

劉備の死後、諸葛亮に進言して、孫呉への使者となり、孫呉との同盟を結び直した。

董卓 字は仲穎。隴西郡臨洮県の人。何進の宦官誅滅の詔を受け、洛陽に向かい、混乱の中、少帝と陳留王（献帝）を保護した。献帝を擁立したのちは宮廷で権勢をほしいままにしたが、呂布の裏切りにより、殺害された。

杜預 字は元凱。京兆尹杜陵県の人。司馬昭の妹をめとり抜擢される。『春秋左氏経伝集解』を著し、司馬氏の皇帝殺害などを正当化。羊祜の後任として、孫呉を滅ぼした。

馬謖 字は幼常、襄陽郡宜城県の人。兄の馬良は、諸葛亮に兄事していた。亮は、南征に際し、「心を攻めよ」と進言した馬謖の才能を愛し、北伐で、最も重要な街亭の戦いに抜擢した。しかし、命に背き、張郃に敗北して処刑された。

馬超 字は孟起。扶風茂陵県の人。涼州に勢力を有したが、曹操が漢中を攻めると危険を感じて、反旗を翻した。曹操に敗れた後、張魯に身を投じ、やがて劉備に仕えた。涼州への影響力により高い位に抜擢されたが、病死した。

馬良 字は季常。襄陽郡宜城県の人。諸葛亮とともに「蜀科」を制定し、夷陵の戦いの際には、荊州蛮の支持獲得に努めたが、戦死した。

費禕 字は文偉。江夏郡鄳県の人。諸葛亮に高く評価され、孫呉への使者となり、北伐にも随行。亮の死後、蒋琬とともに蜀漢を支え、北伐を焦る姜維には、一万以上の兵を与えなかった。

麋竺 字は子仲。東海郡の人。伝説的な大商人。陶謙の死後、妹を嫁がせ財政的に劉備を支えた。

費曜 曹魏の将軍。諸葛亮の陳倉包囲に対して、曹真の支持を受けて、救援にあたったが、祁山で諸葛亮に敗退した。

法正 字は孝直。扶風郡郿県の人。張松とともに劉備に通じ、その益州征服を支援。入蜀後の劉備の寵愛を受け、諸葛亮に対抗できる地位に就いた。

龐統 字は士元。襄陽郡の人。諸葛亮と並び「鳳雛」と称された。劉備に仕え、益州侵攻の参謀として従軍し、劉備に益州侵攻のための三策を献じた。その策により、益州は劉備が支配するが、龐統自身は雒城攻撃中に戦死した。

孟獲 南中の有力者。建寧太守の雍闓が、蜀漢に反乱を起こした際、南蛮を率いた。諸葛亮は、南征に参加する際、孫呉との外交関係を修復して南征し、七回捕らえ七回解き放つという「七縦七禽」の末、孟獲を心服させた。

孟達 字は子達。扶風郡の人。法正とともに劉備を益州に迎えたが、関羽を救援しなかったため、曹魏に降服した。のち諸葛亮と呼応して曹魏に反乱を謀るが、司馬懿に滅ぼされた。

楊儀 字は威公。襄陽郡の人。尚書令の劉巴と折り合いが悪く左遷されていたが、諸葛亮に抜擢され、部隊編成や軍糧を担当した。魏延とも仲が悪く、魏延が背く原因となった。

陸遜 字は伯言。呉郡呉県の人。呉の四姓の筆頭で、陸康の一族の生き残り。孫策の死後、その娘をめ

とり孫権に出仕した。のち呂蒙と協力して、関羽の守る荊州を奪いとり、攻めよせた劉備を夷陵の戦いで破った。

李厳　字は正方。南陽郡の人。益州で劉備に降服したのち、尚書令として諸葛亮とともに劉禅を補佐した。諸葛亮の信任のもと、兵糧の補給に努めたが、失敗をごまかし、平民にされた。

劉璋　字は季玉。父の劉焉を継いで益州牧となるが、政権の軍事的基盤である東州兵と益州豪族との対立を激化させた。やがて張松や法正の手引きを受ける劉備に攻められ益州を失った。

劉諶　劉禅の五男。北地王。滅亡に際して、徹底抗戦を主張したが、入れられず劉備の廟の前で自殺した。

劉禅　字は公嗣。劉備の長男で、幼名は阿斗。蜀漢の第二代皇帝。荊州で劉備が曹操に敗れた際には趙雲に救われた。即位後は、諸葛亮を相父と呼んで全権を委任した。しかし、亮の死後、国政を乱し、魏に降伏した。

劉琮　山陽郡高平県の人。劉表の次男であったが、劉表政権を支えた蔡瑁と親しく、兄の劉琦を差し置いて後継者となった。その際に南下した曹操に荊州をあげて降服し、青州刺史となった。

劉備　字は玄徳。涿郡の人。中山靖王劉勝の後裔とされる。関羽・張飛を従え、傭兵集団として各地で戦い、荊州で諸葛亮を得て本拠地を確保し、益州を取って蜀漢を建国した。しかし、関羽の復讐戦に大敗、白帝城で病没した。

劉表　字は景升。山陽郡高平県の人。漢室の一族で荊州牧。蔡瑁・蒯越らの協力により安定した荊州の統治を実現した。平和を求めて司馬徽や諸葛亮など多くの知人が荊州学に病死する。

廖化　字は元倹。襄陽郡の人。関羽の主簿として呉に降服したが、その後、劉備に帰参、右車騎将軍まで出世した。

呂布　字は奉先。五原郡九原県の人。三国時代最強の武将。ただし、卓越するものは個人的武力であり、群雄として本拠地を維持し、兵を養っていく力には欠けていた。そのため裏切りと放浪を繰り返し、下邳で曹操に殺された。

呂蒙　字は子明。汝南郡富陂県の人。若いころは武力一辺倒であったが、孫権に諭されて勉学に励み、魯粛にその成長ぶりを「呉下の阿蒙にあらず」と評されて荊州を奪ったが、直後に病死した。

霊帝　劉宏。後漢の第十二代皇帝。外戚の竇氏が政権を運営したが、党錮の禁により、実権を宦官に奪われた結果、黄巾の乱が起こり、政局は混迷を極めた。

魯粛　字は子敬。臨淮郡東城県の人。周瑜に評価されて名士となり、孫権に長江流域を領有して皇帝となり、天下を三分すべきことを勧めた。赤壁の戦いの後には、曹操への対抗のため、劉備の勢力拡大を支援した。

盧植　字は子幹。涿郡涿県の人。若くして鄭玄とともに馬融に師事した。文武の才能を兼ね備え、黄巾の乱の討伐で戦功を挙げた。のちに董卓の皇帝廃立に単身抗議して免官された。

著者略歴

渡邉義浩（わたなべよしひろ）

- 1962 年　東京都に生まれる
- 1991 年　筑波大学大学院博士課程歴史・人類学研究科修了
- 現　在　大東文化大学文学部教授
  - 三国志学会事務局長
  - 文学博士
- 主　著　『後漢国家の支配と儒教』（雄山閣出版, 1995 年）
  - 『三国政権の構造と「名士」』（汲古書院, 2004 年）
  - 『西晋「儒教国家」と貴族制』（汲古書院, 2010 年）

漢文ライブラリー
十八史略で読む『三国志』

定価はカバーに表示

2012 年 8 月 30 日　初版第 1 刷
2019 年 10 月 25 日　　第 4 刷

- 著　者　渡　邉　義　浩
- 発行者　朝　倉　誠　造
- 発行所　株式会社　朝　倉　書　店
  - 東京都新宿区新小川町6-29
  - 郵便番号　162-8707
  - 電　話　03 (3260) 0141
  - ＦＡＸ　03 (3260) 0180
  - http://www.asakura.co.jp

〈検印省略〉

© 2012〈無断複写・転載を禁ず〉

教文堂・渡辺製本

ISBN 978-4-254-51538-1　C 3381　　Printed in Japan

JCOPY ＜出版者著作権管理機構　委託出版物＞

本書の無断複写は著作権法上での例外を除き禁じられています。複写される場合は、そのつど事前に、出版者著作権管理機構（電話 03-5244-5088, FAX 03-5244-5089, e-mail: info@jcopy.or.jp）の許諾を得てください。